Nº 294 (Billiongel 17??)

TRAITÉ

DES DÉLITS

ET DES PEINES,

TRADUIT DE L'ITALIEN,

D'après la troisiéme Edition revue, corrigée & augmentée par l'Auteur.

Avec des Additions de l'Auteur qui n'ont pas encore paru en Italien.

NOUVELLE ÉDITION plus correcte que les précédentes.

A PHILADELPHIE.

M. DCC. LXVI.

EXTRAIT

DE L'AVERTISSEMENT
du *Libraire Italien*, au-devant
de la troisiéme Edition.

L'Empreſſement avec lequel le Traité de' Delitti a été accueilli en Italie, & les applaudiſſemens mérités qu'il a obtenus, m'ont déterminé à en donner une nouvelle Edition. Ce ſera la troiſiéme depuis ſix mois à peine, que l'Ouvrage a paru pour la premiére fois. L'Auteur y a fait quelques Additions importantes. La Philoſophie ſublime & bienfaiſante qui règne dans cet Ouvrage, l'amour de l'Humanité, & la profondeur des idées, ſuffiſent pour montrer les motifs qui ont animé l'Auteur, & prouvent qu'il a eu pour objet de défendre cette malheureuſe partie du genre humain, juſqu'à préſent victime d'opinions trop cruelles, & non pas d'offenſer aucun Gouvernement en particulier.

PREFACE

DU TRADUCTEUR.

DE toutes les connoiſſances humaines, les plus importantes, ſans doute, ſont celles qui nous montrent les moyens de rendre les ſociétés heureuſes, c'eſt-à-dire, de répandre le bonheur ſur un plus grand nombre d'individus.

Les hommes réunis en ſociété ne peuvent être heureux que par de bonnes loix. L'autorité des loix a dû être appuyée par des peines prononcées contre les infracteurs : de-là la Juriſprudence criminelle eſt devenue une partie importance de toute Légiſlation.

La Juriſprudence criminelle a dû être, comme le ſyſtême entier de la Légiſlation, plus ou moins parfaite dans des nations différentes, & dans chaque nation en différens tems, ſelon le degré d'ignorance ou de lumiéres, de barbarie ou de fociabilité de chaque fiécle & de chaque pays.

Il feroit fans doute abfurde de pen- fer que la Jurifprudence criminelle d'au- cune nation foit parvenue au degré de perfection, auquel elle peut atteindre. La Science du Gouvernement & toutes fes parties, préfentent à l'efprit humain des difficultés plus grandes que celles des Sciences les plus abftraites & les plus fublimes. Une nation peut avoir fait de très-grands progrès dans l'étude des Mathématiques, de l'Aftronomie, de la Navigation, des Méchaniques & des Arts de toute efpèce, & être en- core malheureufe, ou moins heureufe qu'elle ne pourroit l'être; & ce mal- heur, ou ce moindre degré de bonheur, feront toujours l'effet de l'imperfection de fes loix.

De-là le befoin de travailler fans ceffe à perfectionner la Légiflation; & par une conféquence inconteftable, la né- ceffité d'agiter fans ceffe ces importantes queſtions qui ne peuvent s'éclaircir que que par le contraſte des opinions particuliéres, & ſe décider que par l'autorité irréfragable de l'opinion publique.

C'eſt le principal motif qui nous a déterminé à donner dans notre Langue l'Ouvrage Italien *de' Delitti e delle Pene :* nous le croyons rempli de vues profondes & vraies. Mais quand l'Auteur n'auroit d'autre mérite que d'avoir réveillé l'attention de ſa nation & de l'Europe entiére ſur un objet auſſi intéreſſant ; quand une partie de ſes opinions devroit être combattue & rejettée, on lui devroit toujours la reconnoiſſance que méritent ceux qui contribuent à accroitre les lumiéres & le bonheur du genre humain.

Il ſouhaite, dans ſon introduction, d'exciter dans les cœurs *ce doux frémiſſement par lequel les ames ſenſibles répondent à la voix du défenſeur de l'Humanité.* Son ſouhait s'eſt accompli : l'amour de l'humanité, & la ſenſibilité tendre qui regnent dans tout fon Ouvrage, & qui éclatent en traits de flamme dans une infinité d'endroits, portent l'émotion dans l'ame de fes Lecteurs. C'eft le fentiment qu'il nous a fait éprouver. Nous avons fait tous nos efforts pour le tranfmettre à ceux qui liront notre traduction, & pour y conferver le ton pathétique & touchant de l'original. C'eft fans doute la véritable maniére de traiter la Morale, & fur-tout la Morale publique. Malheur aux hommes froids qui pourroient parler fans enthoufiafme des intérêts de l'humanité : pourvu que cet enthoufiafme ne nuife point à la folidité des raifons, & qu'en fe livrant aux mouvemens d'une éloquence féduifante, on ne s'écarte pas du chemin de la vérité.

Il nous femble que c'eft-là le mérite de notre Auteur, d'unir la force du raifonnement à la chaleur du fentiment. Mais cette chaleur lui fait perdre quelquefois de vue l'ordre le plus naturel,

& l'empêche de conduire ſes Lecteurs, par la route la plus facile, aux vérités qu'il leur enſeigne.

L'importance & la nature même de la matiére nous ont fait penſer que s'il étoit poſſible, ſans altérer le texte, de rétablir, par quelques ſimples tranſpoſitions de Chapitres, ou de parties de Chapitres, l'ordre ainſi troublé, nous rendrions l'Ouvrage plus utile à notre nation, en lui donnant une forme plus analogue à celle qui nous eſt familiére : nous en avions le droit, parce qu'un Livre où l'on plaide ſi éloquemment la cauſe de l'Humanité, appartient deſormais au Monde & à toutes les Nations ; & nous avons cru que l'Auteur lui-même nous pardonneroit cette liberté, ou plutôt nous avons oublié l'Auteur en lui, pour ne voir que l'homme de génie & l'ami de l'Humanité, & nous avons compté ſur l'indulgence de l'un, & ſur la reconnoiſſance de l'autre.

Nous allons rendre compte des principaux changemens que nous avons faits dans la diſtribution de l'Ouvrage. Ce détail nous a paru néceſſaire pour l'Auteur lui-même, s'il nous fait l'honneur de vouloir juger notre travail, & pour tous ceux qui voudroient comparer la traduction avec l'original, & qui ne pourroient plus retrouver les endroits correſpondans, ſi nous ne les leur indiquions pas.

§. I. *Introduction & deſſein de l'Ouvrages.* Ce Chapitre finit dans l'original à la page 6; nous y avons tranſporté un morceau du Chap. VIII. de l'Italien, où l'Auteur expoſe la marche générale qu'il a ſuivie, & qui commence par ces mots, *pour mettre de l'ordre*, &c. & un morceau du Chap. IX, où l'Auteur indique les principales queſtions qu'il traite, & les motifs qui l'animent. Il nous a ſemblé que ces deux endroits appartenoient à l'Introduction.

§. II. *De l'origine des peines & du fon-*

dement du droit de punir. Nous avons
raſſemblé dans ce paragraphe ce qui
fait dans l'original la matiére de deux
Chapitres qui ſe ſuivent, & nous avons
fait quelques légères tranſpoſitions. Le
principal changement eſt d'avoir rejetté
en note une réflexion de l'Auteur ſur le
le ſens des mots *Droit & Juſtice*, qui nous
a paru rompre le fil du diſcours.

§. III, IV, & V. nous y avons conſer-
vé le même ordre que dans l'original.

Les §§. *de l'empriſonnement, des indices & de la forme des jugemens, des témoins, des accuſations ſecrettes, de l'interrogatoire, des ſermens, de la queſtion,
de la durée de l'inſtruction & de la preſcription, des crimes commencés & des
complices*, étant tous relatifs à l'inſtruction de la procédure, & aux moyens
de découvrir & de conſtater le crime,
nous ont paru devoir être placés avant
quelques autres Chapitres qui les pré-
cedent dans l'original. Il nous a ſemblé
plus naturel de commencer par ce qui

regarde l'inftruction de la procédure, avant que de traiter des peines en général, & de chaque efpèce de peine en particulier. Nous allons indiquer plus en détail les tranfpofitions que nous avons faites.

Le §. VI. *De l'emprifonnement*, eft le XXVIII de l'original, dont nous avons retranché 1°. un morceau relatif à la queftion de Droit Public : *Si un crime commis dans une fociété politique, peut être puni dans une autre fociété*, queftion qui nous a paru étrangère au Chapitre *della catura*, & appartenant naturellement à celui *des afyles*, qui eft le XXI. de notre traduction : il commence par ces mots, *Quelques perfonnes, &c.* 2°. Un morceau relatif à la publicité de la punition, qu'on trouvera dans notre Chapitre XIX, & qui commence par ces mots, *Chez plufieurs Nations, &c.* 3°. Un morceau qui regarde la certitude de la punition, que nous avons placé dans notre Chap. XX,

& qui commence ainſi, *quelquefois on s'abſtient, &c.*

§. VII. *Des indices, & de la forme des jugemens,* Ce Chapitre eſt le XIV. de l'original; nous n'avons fait que le tranſpoſer.

§. VIII. *Des témoins.* Ce Chapitre eſt le XIII. de l'Italien. Nous y avons introduit un morceau relatif à la dé-poſition du coupable déja condamné, regardée comme nulle par les loix. Cet endroit, qui commence par ces mots, *parmi les abus, &c.* eſt tiré du Chapitre XXXVII, de l'Italien qui a pour titre, *interrogazioni ſuggeſtive, depoſizioni.*

§. IX. *Des accuſations ſecrettes.* C'eſt le XV. de l'original.

§. X. *Des interrogations ſuggeſtives.* C'eſt le XXXVII, dont nous avons re-tranché le morceau relatif aux dépoſi-tions, pour le placer comme nous ve-nons de le voir au Chapitre VIII.

§. XI. *Des ſermens.* C'eſt le XVII. de l'original.

§. XII. *De la question.* C'est le Chapitre XVI. de l'Italien. Nous avons fait dans l'ordre du Chapitre quelques transpositions qu'il sera facile de reconnoître, & qui nous ont paru nécessaires pour rapprocher des réflexions qui devoient être liées.

§. XIII. *De la durée de l'instruction & de la prescription.* C'est le XXIX. de l'original. Nous y avons placé un morceau du Chapitre XXX. de l'Italien, relatif à la prescription & à l'instruction dans les crimes difficiles à constater, & qui nous a paru appartenir à ce même Chapitre XIII. il commence par ces mots, *il y a quelques espèces de crimes, &c.*

§. XIV. *Des crimes commencés & des complices.* C'est le Chapitre XXXVI. de l'original.

Après ce qui regarde l'instruction de la procédure, & les moyens employés par la Jurisprudence criminelle pour découvrir & constater le crime ; nous avons cru devoir placer les Chapitres de l'ouvrage qui font relatifs aux peines en général & en particulier; & nous leur avons donné l'ordre fuivant.

§. XV. *De la douceur des peines.* Ce Chapitre eft le XXVI. de l'Italien. Nous l'avons commencé par un Chapitre entier, qui eft le XII. de l'original, & qui a pour titre, *Fine delle pene.* On verra que ce morceau eft l'introduction naturelle du Chapitre *de la douceur des peines.* J'ai fait quelques tranfpofitions dans l'ordre des parties de ce Chapitre; & je l'ai terminé par une réflexion qu'on trouve dans l'Italien, au dernier Chapitre fur la diminution graduelle de la rigueur des peines, felon la diminution de la barbarie dans les Nations.

§. XVI. *De la peine de mort.* C'eft le Chapitre XXVII. de l'original.

§. XVII. *Du banniffement & de la confifcation des biens.* C'eft le Chapitre XXIV. de l'original. Mais le commencement eſt celui du Chap. XXIII. de l'Italien, dont le titre eſt *Ozioſi*; & on voit bien qu'il étoit déplacé dans l'original.

§. XVIII. *De la peine d'infamie.* C'eſt le XXII. de l'original.

§. XIX. *Que la peine doit être prompte, analogue au crime & publique.* Ce Chapitre eſt formé du Chapitre XVIII. de l'Italien qui a pour titre, *Prontezza della pena*; & il eſt terminé par un morceau tiré du Chapitre XXVIII. de l'Italien, que nous avons déjà indiqué en rendant compte du §. VI. & qui commence par ces mots, *chez pluſieurs Nations*, &c.

§. XX. *Que la punition doit être certaine & inévitable. Des graces.* Ce Chapitre eſt formé de différens morceaux épars dans l'Italien. Le premier alinéa eſt tiré du Chapitre XVI. de l'Italien, *dolcezza delle pene*. On voit qu'il eſt manifeſtement relatif à la certitude de la punition. Le 2ᵉ. eſt tiré du Chapitre XXVIII, *della cattura*, & tient au même sujet. Le 3e. qui forme le reste du Chapitre, est un Chapitre entier *delle grazie*, fait par l'Auteur depuis la troisième édition, & qui nous a été communiqué en manuscrit, comme beaucoup d'autres additions que nous indiquerons.

§. XXI. *Des asyles.* A la suite du Chapitre précédent, nous avons cru devoir placer celui des asyles, qui font un obstacle à la certitude de la punition. C'est le XXXIV. de l'original. Nous avons déjà remarqué sur le §. VI. de notre traduction, que nous avons retiré du Chapitre *della cattura*, qui est le XXVIII. de l'original, un morceau commençant par ces mots, *quelques personnes, &c.* c'est ici que nous avons cru devoir le placer.

§. XXII. *De l'usage de mettre la tête à prix.* C'est le XXXV. de l'original, *Della taglia.*

§. XXIII. *De la proportion entre les*

peines & les crimes. C'eſt le Chapitre VI. de l'Italien. Il y a quelques tranſ-poſitions dans les parties de ce Chapitre, & une addition qui commence par ces mots : *Si on établit, &c.* & qui eſt tirée du Chapitre XXXII. de l'original où nous aurions pu la laiſſer, mais qui n'eſt pourtant pas déplacée où nous l'avons miſe.

Les Chap. ſuivans, juſqu'au XXXVII incluſivement, traitent des délits en général & en particulier.

§. XXIV. *De la meſure de la grandeur des délits.* Nous l'avons commencé par un morceau tiré du commencement du Chapitre VIII de l'original, portant pour titre : *Diviſione de' delitti.* Le reſte eſt du Chapitre VII de l'Italien, intitulé : *Errori nella miſura delle pene.*

§. XXV. *Diviſion des crimes.* Le premier alinéa eſt du Chapitre VIII. de l'Italien ; le deuxiéme, du Chapitre VI ; le troiſiéme, du VIII ; le quatriéme, du Chapitre VI.

§. XXVI. *Des crimes de Leſe-Majeſté.*
Ce Chapitre eſt court, relativement à
l'importance de la matiére. Il eſt tiré
du Chapitre VIII. de l'Italien. Ce qui
le fait paroître encore plus incomplet,
c'eſt de lui avoir donné un titre à part,
mais nous ne doutons pas que l'Auteur,
dans quelque autre édition ne développe ſes idées ſur un ſujet auſſi intéreſſant.

§. XXVII. *Des crimes contre la ſûreté
des particuliers, & premiérement des violences.* Le premier, le 2e. & le 3e. alinéa,
ſont du Chapitre VII I de l Italien : le 4e.
& le 5e. du Chapitre XIX. le 6e. renferme
le Chapitre XX tout entier, qui a pour
titre : *Pene de i nobili,* & qui eſt une
dépendance néceſſaire du Chapitre *des
violences des Grands.*

§. XXVIII. *Des injures.* Le premier
alinéa eſt le commencement du Chap.
XXII de l'Italien, qui a pour titre : *In-
famia.* Toute la ſuite du §. eſt le Chap.
IX de l'Italien qui a pour titre : *Dell'
onore.* Les injures, ſelon la définition

même de l'Auteur, étant un délit contraire à l'honneur de l'offenſé, la place
naturelle de ce Chapitre *dell' onore*, étoit
celle que nous lui avons donnée.

§. XXIX. *Des duels.* C'eſt le Chapitre
X de l'original.

§. XXX. *Du vol.* C'eſt le Chapitre
XXI de l'original.

§. XXXI. *De la Contrebande.* C'eſt le
XXXII de l'Italien. La contrebande eſt
une eſpéce de vol.

§. XXXII. *Des banqueroutes.* C'eſt le
Chapit. XXXIII de l'Italien. On y trouvera des additions importantes & conſidérables, envoyées en manuſcrit par
l'Auteur. Parmi ces additions, il y en
a une qui donnera une grande idée de
ſon amour pour la vérité. Il avoit dit
dans ſes éditions précédentes, que le
Banqueroutier non frauduleux devoit
être gardé comme un gage de ſa dette, & employé comme eſclave pour le
compte de ſon débiteur : opinion qui
nous avoit ſemblé bien contraire au ton

de douceur & d'humanité qui régne dans tout son ouvrage ; il s'accuse & se rétracte de lui-même avec une bonne foi touchante , & il établit avec force le sentiment contraire.

§. XXXIII. *Des délits qui troublent la tranquillité publique.* C'est le Chapitre XI de l'original.

§. XXXIV. *De l'oisiveté.* C'est le Chapitre XXIII de l'original , dont nous avons retranché le commencement pour le porter à la tête du Chapitre XVII de notre traduction , (*du bannissement & de la confiscation des biens*) dont il est l'introduction naturelle. Nous avons fait dans ce Chapitre quelques transpositions qui y rétablissent un ordre plus naturel.

§. XXXV. *Du Suicide.* C'est le XXXI de l'original. Nous n'y avons fait d'autre changement , que de rejetter en note une partie du texte qui nous a paru rompre trop fortement l'attention du lecteur sur l'ensemble du Chapitre.

§. XXXVI. *De quelques crimes difficiles à conſtater.* C'eſt le XXX. de l'original, mais dont nous avons retranché le commencement pour le placer dans le Chapitre XIII, *de la durée de l'inſtruction & de la preſcription.* Voyez ce que nous avons dit ſur le §. XIII.

§ XXXVII. *D'une eſpèce particuliére de délits.* C'eſt le XXXVIII de l'Italien.

Après avoir parcouru les diverſes eſpèces de crimes en particulier, nous avons cru devoir placer ici trois Chapitres, où l'Auteur indique trois ſources générales d'erreurs & d'injuſtices dans la juriſprudence criminelle,& qui étoient épars dans ſon Ouvrage, & placés d'une maniére moins favorable. Ces Chapitres ſont le XXXVIII, *Des fauſſes idées d'utilité*; objet de ſon Chapitre XXXIX. *L'Eſprit de famille*, Chapitre XXV de l'Italien; & *l'Eſprit de Fiſc*, nouveau Chapitre envoyé manuſcrit, & que l'Auteur avoit placé après le Chapitre *des ſermens.* Nous avons cru qu'il falloit les réunir pour leur donner plus de force, & les placer après les détails, parce qu'ils renferment les caufes générales des erreurs qu'on a, ou développées, ou combattues dans le corps de l'ouvrage.

§. XLI. Nous avons raffemblé fous ce Chapitre tous les moyens de prévenir les crimes, indiqués par l'Auteur dans les Chapitres XL, XLI, XLII, XLIII, XLIV, dont plufieurs étoient fort courts.

Conclufion. C'eft celle de l'Auteur dont nous avons retranché le commencement, pour le placer au Chapitre XV de notre traduction. Voyez ce que nous avons dit fur le §. XV.

Réfumons en peu de mots, & mettons fous les yeux du Lecteur le plan de l'ouvrage dans notre traduction. Il eft divifé en fix parties très diftinctes, & placées, à ce qu'il nous femble, dans un ordre naturel.

Les cinq premiers Chapitres contiennent l'introduction & des réflexions fur l'origine & les fondemens du droit de punir, & fur les caractères généraux que doivent avoir les loix pénales dans une bonne légiflation.

Les Chapitres fuivans, jufqu'au 14e. inclufivement, regardent l'inftruction de la procédure, les moyens de confta-

ter le crime & tout ce qui précéde l'in-
fliction de la peine.

De-là, jufqu'au 23ᵉ Chapitre inclufivement, on traite des peines en général
& en particulier.

Au 24ᵉ. Chapitre, commence ce qui
concerne les crimes en général & en
particulier, jufqu'au 37ᵉ. inclufivement.

Les Chapitres 38, 39, 40, indiquent
quelques caufes générales des vices de
la Jurifprudence criminelle.

Enfin, le 41ᵉ. & dernier Chapitre,
traite des moyens de prévenir les crimes.

Nous avons déjà averti nos Lecteurs,
que notre traduction a l'avantage d'être
enrichie de plufieurs additions importantes, faites par l'Auteur, & qui n'exiftent encore que dans l'Ouvrage François : nous avons indiqué les principales.

Nous finirons, en tranfcrivant ici un
article de la Gazette Littéraire du 1 Oc-
tobre 1765, où l'on trouve un fait qui
préfente l'éloge le plus flatteur & le
moins fufpect qu'on puiffe faire à l'Ouvrage dont nous donnons la traduction.

» Une Société de Citoyens s'eft for-
» mée en Suiffe, il y a quelques années,
» pour concourir à répandre la connoif-
» fance des vérités les plus utiles aux

» hommes , & pour propoſer des quef-
» tions rélatives à ce but. Parmi les Mé-
» moires adreſſés à la Société , il s'en eſt
» trouvé pluſieurs , qui avoient un cer-
» tain mérite académique , mais aucun,
» qui par la préciſion de la forme & l'é-
» tendue des vues ſatisfit aux déſirs des
» Juges. Dans ces circonſtances , la So-
» ciété prit en 1763 , la réſolution d'ad-
» juger ſon prix à l'Auteur des *entretiens*
» *de Phocion*, qu'on a ſu depuis être M.
» l'Abbé de Mably. D'après le même
» motif, elle prend le parti d'offrir une
» Médaille de vingt ducats à l'Auteur
» anonyme d'un Traité publié en Ita-
» lien ſur *les délits & les peines*, & l'in-
» vite à ſe faire connoitre & à agréer
» une marque d'eſtime due à un bon ci-
» toyen , qui oſe élever ſa voix en fa-
» veur de l'Humanité contre les préju-
» gés les plus affermis. L'Auteur eſt prié
» de faire parvenir ſa déclaration à la
» Société des Citoyens , ſous l'adreſſe
» de la Société Typographique de Ber-
» ne en Suiſſe «.

Fin de la Préface.

TABLE

DES CHAPITRES

Dans la Traduction.

TABLE

DES CHAPITRES

Dans l'ordre de l'Original.

Fin de la Table des Chapitres.

TRAITÉ
DES DÉLITS
ET DES PEINES.

§. I.

INTRODUCTION & dessein de l'Ouvrage.

PARMI les hommes réunis, il s'exerce un effort continuel qui tend à placer dans une partie de la société toute la puissance & tout le bonheur, & dans l'autre toute la misère & toute la foiblesse. L'effet des bonnes loix est de s'opposer sans cesse à cet effort. Mais les hommes abandonnent ordinairement le soin de régler les choses les plus importantes, à la prudence du moment ou à la discrétion de ceux-là mêmes qui sont intéressés à rejetter les meilleures institutions. Aussi n'est-ce qu'aux dernieres extrémités, & laſſés de ſouffrir, qu'ils ſe déterminent à remédier aux maux dont ils ſont accablés. Ce n'eſt qu'après avoir paſſé par mille erreurs funeſtes à leur vie & à leur liberté, qu'ils ouvrent les yeux à des vérités palpables, qui par leur ſimplicité même échappent aux eſprits vulgaires, incapables d'analyſer les objets, & accoutumés à ne recevoir que des impreſſions vagues & confuſes ſur parole & ſans examen.

Ouvrons l'hiſtoire, nous verrons que les loix qui devoient être des conventions entre des hommes libres, n'ont été le plus ſouvent que l'inſtrument des paſſions d'un petit nombre; ou l'effet d'un beſoin fortuit & paſſager, jamais l'ouvrage d'un examinateur impartial de la nature humaine, qui ait ſû rapporter à un centre commun les actions d'une multitude d'hommes, & les diriger à à cet unique but, *la plus grande félicité du plus grand nombre.* Heureuſes les nations qui n'ont point attendu que la ſucceſſion lente des combinaiſons & des viciſſitudes humaines fît de l'excès du mal un acheminement au bien; mais qui, par de ſages loix, ont hâté le paſſage de l'un à l'autre. Quelle reconnoiſſance ne mérite pas du genre humain le Philoſophe qui, du fond d'un cabinet obſcur & dédaigné, a eu le courage de jetter parmi la multitude les premieres ſemences long-tems infructueuſes des vérités utiles !

C'eſt aux vérités philoſophiques rendües communes par l'invention de l'imprimerie, qu'on doit la connoiſſance des véritables rapports qui uniſſent les Souverains à leurs ſujets, & les peuples en-tr'eux. Le commerce s'eſt animé, & on a vû s'élever entre les nations une guerre d'induſtrie plus humaine & plus raiſonnable. Mais tandis que beaucoup de préjugés ſe ſont diſſipés à la lumiere de ce ſiecle, nous voyons qu'on ne s'eſt point occupé de réformer l'irrégularité des procédures criminelles, partie de la légiſlation auſſi importante que négligée dans toute l'Europe.

On ne s'eſt point élevé contre la cruauté des peines en uſage dans nos Tribunaux. On n'a point combatu ces erreurs accumulées depuis pluſieurs ſiecles: on n'a point oppoſé la force de la vérité connue, à l'abus d'un pouvoir mal dirigé, & à ces exemples répétés & autoriſés d'une atrocité froide. Cependant les gémiſſemens des foibles ſacrifiés à l'ignorance cruelle & à l'in-dolence des puiſſances; des tourmens barbares prodigués inutilement pour des crimes, ou mal-prouvés, ou chimériques; l'horreur des priſons augmentée par ce qui fait le ſupplice le plus grand des miſérables, l'incertitude de leur ſort, auroient dû réveiller l'attention des Philoſophes, cette eſpèce de Magiſtrats, dont l'emploi eſt de diriger les opinions humaines. L'immortel Monteſquieu

n'a traité cette matière importante qu'en paffant.
En cherchant la vérité qui eft une, j'ai été forcé de
fuivre les traces lumineufes de ce grand homme.
Mais ceux qui favent penfer, & pour qui j'écris,
fauront diftinguer mes pas des fiens. Heureux fi
je puis obtenir comme lui les fecrets remercimens
des difciples obfcurs & paifibles de la Philofophie
& de la raifon, & exciter en eux ce doux frémif-
fement, par lequel les ames fenfibles répondent
à la voix du défenfeur de l'humanité.

Pour mettre de l'ordre dans nos recherches,
nous devrions examiner & diftinguer chaque efpèce de crime, & la peine qui y a été attachée.
Mais la multitude & la variété de ces objets,
d'après les diverfes circonftances des tems & des
lieux, nous jetteroient dans un détail immenfe &
ennuyeux. Il me fuffira d'indiquer les principes
les plus généraux, & les erreurs les plus funeftes,
en m'écartant également, & d'un amour mal
entendu de la liberté qui tendroit à introduire
l'anarchie, & de la pédanterie qui voudroit foumettre les hommes à une régularité monaftique.

Quelle eft l'origine des peines, & quel eft le
fondement du droit de punir? Quels font les
moyens pratiquables dans une bonne légiflation
pour faifir le criminel, & découvrir & conftater
le crime? La queftion eft-elle jufte, & conduit-
elle au but que fe propofent les loix? Les peines

ne doivent - elles pas être proportionnées aux crimes, & comment établir cette proportion? Quelle est la mesure de la grandeur des délits? La peine de mort est-elle utile & néceffaire pour la sûreté & le bon ordre de la fociété? Quelles peines faut-il infliger aux différens crimes? Les mêmes peines font - elles également utiles dans tous les tems? Quelle influence ont-elles fur les mœurs? Quels font les moyens les plus efficaces pour prévenir les crimes? Tous ces problêmes méritent d'être réfolus avec cette précifion géométrique qui triomphe de l'adreffe des fophifmes, de la féduction de l'éloquence, & de la timidité du Scepticifme. Je m'eftimerois bien heureux, quand je n'aurois d'autre mérite que celui d'avoir préfenté le premier à notre Italie, avec quelque netteté, ce qu'on a déja écrit & mis en pratique dans d'autres nations. Mais fi, en foutenant les droits des hommes & de l'invincible vérité, je pouvois arracher à la tyrannie ou à l'ignorance quelqu'une de leurs victimes, les larmes & les bénédictions d'un feul innocent dans les tranfports de fa joie me confoleroient du mépris du genre humain.

§. I I.

De l'origine des peines, & du fondement du droit de punir.

LA morale politique, pour procurer à la société quelque avantage durable, doit être fondée sur les sentimens ineffaçables du cœur de l'homme.

Toute loi qui ne sera pas établie sur cette base, éprouvera toujours une résistance à se maintenir; & cette résistance, quoique petite, renversera enfin la loi, comme nous voyons en méchanique une petite force qui s'exerce à chaque instant, détruire dans un corps le mouvement le plus violent. Consultons donc le cœur humain pour y trouver l'origine des peines, & les véritables fondemens du droit de punir.

Personne n'a fait gratuitement le sacrifice ou don de sa liberté dans la seule vue du bien public. Cette chimere n'existe que dans les Romans. Chacun de nous voudroit, s'il étoit possible, que les conventions qui lient les autres, ne le liassent pas lui-même. Chaque homme se fait le centre de toutes les combinaisons de l'univers.

La multiplication du genre humain, quoique lente, étant encore trop rapide pour que la nature abandonnée à elle-même fût capable de fournir aux besoins qui devenoient tous les jours plus nombreux, & se croisoient en mille manieres; les premiers hommes se virent forcés de se réunir. Quelques sociétés étant formées, il s'en établit bientôt de nouvelles pour résister aux premieres, & l'état de guerre entre les nations succéda à celui qui avoit été entre les individus.

Les loix furent les conditions sous lesquelles les hommes auparavant indépendans & isolés se réunirent en société. Las d'un état de guerre continuel, & d'une liberté qui leur devenoit inutile par l'incertitude de la conserver, ils en sacrifierent une partie pour jouir du reste avec plus de sûreté. La somme de toutes ces portions de liberté forma la Souveraineté de la nation qui fut mise en dépôt entre les mains du Souverain, & confiée à son administration. Mais il ne suffisoit pas d'établir ce dépôt, il falloit le défendre des usurpations de chaque particulier qui s'efforce de retirer de la masse commune, non-seulement sa propre portion, mais encore celle des autres : il falloit des motifs sensibles & suffisans pour empêcher le despotisme de chaque particulier de replonger la société dans son ancien cahos. Ces motifs furent des peines établies contre les infracteurs des loix. Je dis que ces motifs dûrent être sensibles, parce que l'expérience montre que la multitude n'adopte pas des *maximes de conduite*.

Comme toutes les parties du monde phyfique, la fociété a dans elle-même un principe de diffo-lution, dont l'action ne peut être arrêtée dans fes effets que par des motifs qui frappent immé-diatement les fens. L'éloquence & les vérités les plus fublimes ne peuvent mettre un frein aux paffions excitées par les impreffions fortes des objets fenfibles. On ne peut les combattre que par des impreffions de même efpèce, qui foient continuellement préfentes à l'efprit, & qui con-trebalancent les paffions particulieres ennemies du bien général. C'eft donc la néceffité feule qui contraignit chaque homme à céder une portion de fa liberté, d'où il fuit que chacun n'en a voulu mettre dans le dépôt commun que la plus petite portion poffible, la feule partie dont le facrifice étoit néceffaire pour engager des affociés à le maintenir dans la poffeffion du refte. L'affem-blage de toutes ces portions de liberté, les plus petites que chacun ait pu céder, eft le fondement du droit de punir de la fociété. Tout exercice du pouvoir qui s'étend au-delà de cette bafe eft *abus*, & non *juftice*; eft un *fait*, & non un *droit*. *

___

* Il eft néceffaire d'obferver que le terme *droit* n'eft pas contradictoire au mot *force*. Le droit eft plutôt une modifica-tion de la force; c'eft la reftriction la plus utile au plus grand nombre, de la force de chacun. Par *juftice*, je n'entends rien autre chofe que le lien néceffaire pour réunir les intérêts par-

Toute peine eſt injuſte, auſſitôt qu'elle n'eſt pas néceſſaire à la conſervation du dépôt de la liberté publique. Les peines ſeront d'autant plus juſtes, que le Souverain conſervera aux particuliers une liberté plus grande, & qu'en même tems la liberté publique demeurera plus inviolable & plus ſacrée.

§. I I I.

Conſéquence des principes ci-deſſus.

La première conſéquence de ces principes eſt qu'il n'appartient qu'aux loix ſeules de décerner la peine des crimes, & que le droit de faire les loix pénales ne peut réſider que dans le Légiſlateur qui repréſente toute la ſociété unie par le contrat ſocial. Il ſuit de-là que le Magiſtrat n'étant que partie de la ſociété ne peut, avec juſtice, infliger à un autre membre de la ſociété une peine qui n'eſt pas décernée par la loi; & comme l'accroiſſement de ſévérité dans une peine quelconque déja décernée par la loi par-delà le

ticuliers, & ſans lequel, en ſe ſéparant de nouveau, ils rameneroient l'ancien état d'inſociabilité. Il faut éviter d'attacher au mot *juſtice* l'idée d'une force phyſique, ou d'un être exiſtant. C'eſt une ſimple maniere de concevoir des hommes qui influe ſur la félicité de chacun d'eux. Je n'entends pas parler ici de la juſtice de Dieu, qui eſt d'une autre eſpèce, & qui a ſes relations immédiates avec les peines & les récompenſes d'une vie à venir.

terme fixé, est la peine fixée *plus* une autre peine,
il s'enfuit encore qu'aucun Magistrat, même sous
prétexte de bien public, ne peut accroitre la
peine prononcée contre le crime d'un citoyen.

La deuxiéme conséquence est que le Souverain
qui représente la société même, ne peut que faire
la loi pénale générale, à laquelle tous les membres de la société sont soumis ; mais qu'il ne lui
appartient pas de juger si un particulier a encouru
la peine portée par la loi. En effet, dans le cas
d'un délit, il y a deux partis ; le Souverain qui
assure que le contrat social est violé, & l'accusé
lui même qui nie la réalité de cette violation. Il
est donc nécessaire qu'il y ait un Juge entre deux
qui décide la contestation, c'est-à-dire un Magistrat dont les jugemens soient sans appel, &
consistent dans une simple affirmation ou négation
de faits particuliers.

Troisiéme conséquence. Quand l'atrocité des
peines ne seroit pas réprouvée par ces vertus bien-
faisantes, qui font l'ouvrage de la raison éclairée,
& qui feront toujours préférer de commander
plutôt à des hommes heureux & libres, qu'à un
troupeau d'esclaves ; quand elle ne seroit pas
directement opposée au bien de la société, &
à l'objet même auquel elle est dirigée, qui est
d'empêcher les crimes, c'est assez quelle soit
inutile pour devoir être regardée comme injuste,
& comme contraire à la nature du contrat social.

§. IV.

De l'interprétation des Loix.

QUATRIÉME conféquence. Les Juges des crimes, par la raifon même qu'ils ne font pas
Légiflateurs, ne peuvent avoir le droit d'interpréter les loix pénales. Les Magiftrats ne reçoivent pas les loix de nos ancêtres, comme une
tradition domeftique, ou comme les volontés d'un
teftateur, que fes héritiers doivent accomplir. Ils
les tiennent de la fociété vivante & fubfiftante, ou
du Souverain qui la repréfente comme dépofitaire
du réfultat actuel de la volonté de tous. L'autorité
des loix mêmes n'eft pas fondée fur une prétendue obligation * d'exécuter des conventions

* Si chaque citoyen eft obligé envers la fociété, la fociété eft obligée pareillement envers chaque citoyen ; puifque
la nature d'un contrat eft d'obliger les deux parties contractan-
tes. Cette obligation qui lie le Souverain & le dernier des
fujets, le plus grand & le plus petit des membres de la fociété,
ne fignifie rien autre chofe, finon que c'eft l'intérêt de tous
que les conventions utiles au plus grand nombre foient obfer-
vées, la violation d'une feule étant un commencement d'Anarchie. Ce mot *obligation*, un de ceux dont on a fait un ufage
plus fréquent dans la morale que dans toute autre fcience, eft
un figne abrégé d'un raifonnement, & non pas d'une idée.
On ne peut attacher une idée fimple au mot *obligation* ; &
pour s'entendre foi-même en l'employant, & le faire entendre aux autres, il faut faire un raifonnement.

anciennes qui feroient nulles, puifqu'elles auroient lié des volontés qui n'exiftoient pas; &
injuftes, puifqu'elles auroient réduit les hommes
des fiécles fuivans à n'être qu'un vil troupeau
fans action & fans volonté pour lui même. Elles
empruntent leur force obligatoire & leur autorité
phyfique & réelle, du ferment de fidélité tacite
ou exprès que les volontés réunies des citoyens
vivans ont fait au Souverain. Quel fera donc leur
interprète légitime? Le Souverain, c'eft-à-dire,
le dépofitaire des volontés actuelles de tous, &
non le Juge dont le devoir eft feulement d'examiner fi un tel homme a fait ou non l'action contraire à la loi.

Dans le jugement de toute efpece de délit,
le Juge a un fyllogifme ou raifonnement à faire,
dont la premiere propofition ou *majeure* eft la
loi générale, la *mineure* exprime l'action conforme
ou contraire à la loi, la *conféquence*, l'abfolution
ou la peine de l'accufé. Si le Juge, de fon chef
ou forcé par le vice des loix, fait un fyllogifme de plus dans une affaire criminelle, tout
devient incertitude & obfcurité.

Il n'y a rien de plus dangereux que l'axio-
me commun, *il faut prendre l'efprit de la loi*.
L'adopter, c'eft rompre la digue qui s'oppofe
au torrent des opinions. Cette vérité me paroit
de la derniere évidence, quoiqu'elle femble un

parodoxe aux efprits vulgaires, qui font plus fortement frappés d'un petit défordre actuel que des conféquences éloignées, mais mille fois plus funeftes, qu'entraine un feul principe faux adopté par une Nation. Nos connoiffances & toutes nos idées fe tiennent. Plus elles font compliquées, & plus nombreufes font les routes qui y conduifent & qui en partent. Chaque homme a fa maniére de voir qui lui eft particuliére ; & un même homme en différens tems voit différemment les mêmes objets. L'efprit d'une loi feroit donc le réfultat de la bonne ou mauvaife logique du Juge. Il dépendroit de fa bonne ou mauvaife digeftion, de la violence de fes paffions, de la foibleffe de l'accufé, des relations du Magiftrat avec l'offenfé, & de toutes les petites caufes qui changent les apparences des objets dans l'efprit inconftant de l'homme. Nous verrions le fort d'un citoyen changer par le tranfport de fa caufe d'un Tribunal à l'autre, & fa vie & fa liberté à la merci d'un faux raifonnement ou de la mauvaife humeur de fon Juge. Nous verrions celui-ci prendre pour une interprétation légitime de la loi, le réfultat vague d'une fuite de notions confufes qui fe feroient préfentées à fon efprit ; nous verrions les mêmes crimes punis différemment en différens tems par le même Tribunal pour vouloir confulter, non la

voix conſtante d'une loi invariable; mais l'inſta-
bilité trompeuſe des interprétations arbitraires.

On ne peut comparer à ces déſordres les inconvéniens qui peuvent naitre de l'interprétation
rigoureuſe & littérale d'une loi pénale. Ces inconvéniens paſſagers forcent le Légiſlateur de faire
au texte équivoque de la loi des corrections
faciles & néceſſaires; mais au moins y a-t-il alors
un frein à cette malheureuſe licence d'expliquer
& de raiſonner, ſource des déclamations arbitraires & vénales. Si les loix ne ſont pas fixes & lit-
térales; Si l'unique droit du Magiſtrat n'eſt pas
de décider que l'action eſt contraire ou conforme
à la loi écrite; ſi la régle du juſte & de l'injuſte
qui doit diriger également les actions de l'ignorant
& de l'homme inſtruit, n'eſt pas pour le Juge,
une ſimple queſtion de fait, le citoyen ſera eſclave
des Magiſtrats. Or le joug de cette multitude
de tyrans eſt d'autant plus inſupportable que la
diſtance eſt moindre entre l'oppreſſeur & les opprimés. Il eſt plus difficile à ſecouer, parce
qu'on ne peut s'en affranchir qu'en recourant au
deſpotiſme d'un ſeul. Il eſt auſſi plus cruel,
parce qu'il rencontre plus de réſiſtance, & que
la cruauté de la tyrannie eſt proportionnée, non
à ſa force, mais aux obſtacles qu'on lui oppoſe.

Avec des loix pénales entendues toujours à la
lettre, chacun peut calculer & connoitre exacte-

ment les inconvéniens d'une mauvaise action,
ce qui est utile pour l'en détourner ; & les hommes jouissent de la sûreté de leurs personnes &
de leurs biens, ce qui est juste, puisque c'est le
but de leur réunion en société. Il est vrai aussi
que les citoyens acquerront par-là un esprit d'in-
dépendance & de liberté ; ils seront moins esclaves de ceux qui ont donné le nom de vertu à
la foiblesse, & à la soumission aveugle à leurs
caprices ; mais ils n'en seront pas moins soumis
aux loix & aux suprêmes Magistrats.

Ces principes doivent déplaire sans doute à
ces hommes puissans, qui se font un droit de
rendre à leurs inférieurs les coups de la tyrannie
qu'ils reçoivent de ceux qui sont au-dessus d'eux.
J'ai tout à craindre, s'ils me lisent & m'enten-
dent ; mais les tyrans ne lisent point.

§. V.

De l'obscurité des Loix.

Si le droit d'interpréter les loix est un mal,
c'en est un aussi que leur obscurité qui entraîne
la nécessité de l'interprétation. Cet inconvénient est bien plus grand encore, si elles sont
écrites dans une langue morte & ignorée du
peuple. Tant que le texe des loix n'existera
pas en langue vulgaire & ne sera pas un livre

familier, une forte de catéchifme ; tant qu'il confervera cette efpece de dignité qu'on lui a donnée fi mal-à-propos, le citoyen ne pouvant connoitre par lui même les fuites de fes propres actions fur fa perfonne & fur fa liberté, demeurera efclave d'un certain nombre d'hommes, dépofitaires & interprètes des loix. Les crimes feront d'autant moins fréquens, que le texte facré des loix fera lû & entendu d'un plus grand nombre d'hommes : puifqu'on ne peut douter que dans l'efprit de celui qui ne connoit pas, ou qui connoit mal les peines décernées contre le crime qu'il médite, cette ignorance & cette incertitude n'aident fortement l'éloquence des paffions. Que penfer de l'Humanité, lorfqu'on remarque que les loix des nations font prefque toutes écrites en une langue morte, & que cette coutume barbare fubfifte encore dans la partie la plus éclairée de l'Europe ?

Il fuit de ces réflexions que, fans l'écriture, une fociété ne peut jamais prendre une forme de gouvernement fixe, où la force réfide dans le corps politique, & non dans les parties ; où les loix ne puiffent changer qu'en vertu de la volonté générale, & ne puiffent s'altérer & fe détruire par le choc des intérêts particuliers. La raifon & l'expérience nous montrent que la certitude & la probabilité des traditions humaines

diminuent

diminuent à mesure que l'on s'éloigne des sour-
ces. Les loix ne résisteront pas davantage à
l'action du tems, & à la force des passions, s'il
n'existe un monument durable du pacte de la société.

On voit encore par-là de quelle utilité l'Imprimerie est pour le genre humain. C'est l'invention de l'Imprimerie qui seule peut rendre le
Public, & non un petit nombre d'hommes, dé-
positaire & gardien de la sainteté des loix. C'est
elle qui a dissipé cet esprit ténébreux de cabale
& d'intrigue qui ne peut supporter la lumière,
& qui feint de mépriser les lettres en les crai-
gnant véritablement. C'est l'Imprimerie qui a
rendu plus rares en Europe les crimes atroces;
c'est elle qui a détruit cet état de barbarie qui
rendoit nos péres tour-à-tour esclaves ou tyrans.
Ceux qui connoissent l'histoire de deux ou trois
siécles & la nôtre, peuvent y voir comment du
sein du luxe & de la mollesse sont nées les plus
douces vertus, l'humanité, la bienfaisance, la
tolérance des erreurs humaines; ils peuvent remarquer dans ces tems reculés les effets de ce
qu'on appelle si mal-à-propos l'ancienne simpli-
cité & la bonne foi de nos péres, l'humanité
gémissante sous les coups de l'implacable super-
stition; l'avarice & l'ambition d'un petit nombre
d'hommes teignant de sang les trônes & les pa-

B

lois des Rois; des trahifons fecrettes & des meurtres publics; la Nobleffe tyrannifant partout le
malheureux peuple, & les Miniftres d'une religion fainte fouillant leurs mains de fang au nom
d'un Dieu de miféricorde. Qu'on parle tant
qu'on voudra de la corruption de notre fiécle, on
n'y trouvera point des exemples de femblables
horreurs.

§. VI.

De l'Emprifonnement.

C'EST une erreur non moins répandue, que
contraire à la fin de l'établiffement de la fociété, qui eft la fûreté perfonnelle, de laiffer le
Magiftrat, exécuteur des loix, maître d'emprifonner un citoyen, d'ôter la liberté à celui qu'il
hait, fous de frivoles prétextes, en laiffant libre
celui qu'il favorife, malgré les indices les plus
forts. La prifon eft une peine qui, à la différence de toute autre, doit précéder néceffairement
la déclaration juridique du délit. Mais ce caractère diftinctif ne lui en fait pas perdre un autre
qui lui eft effentiel & commun avec toute efpèce de peine, de ne pouvoir être infligée que
dans le cas où la loi décide que le citoyen l'a
encouruë. La loi doit donc déterminer les indices d'un crime qui demandent l'emprifonnement
de l'accufé, qui l'affujettiffent à cette efpece de

peine & à l'examen. La voix publique qui l'ac-
cufe, fa fuite, fon aveu extrajudiciaire, la dépofition d'un complice du crime, des menaces,
& une inimitié connue entre l'accufé & l'offenfé, le corps du délit & d'autres indices femblables fuffifent pour emprifonner un citoyen. Mais
ces preuves doivent être établies par la loi, &
non par les Juges, dont les décrets font toujours
oppofés à la liberté politique, lorfqu'ils ne font
pas une application particulière d'une maxime
générale du code public. A mefure que les peines feront plus douces, & que les prifons feront
moins horribles; lorfque la compaffion & l'humanité pénétreront dans les cachots, & fe feront
entendre aux Miniftres impitoyables des rigueurs
de la Juftice, les loix pourront fe contenter d'indices toujours plus foibles pour ordonner l'emprifonnement.

Un homme accufé, emprifonné, & puis abfous, ne devroit être noté d'aucune infamie. Chez
les Romains combien voyons-nous de citoyens
accufés de crimes très-graves, & reconnus innocens, refpectés enfuite du peuple, & revêtus
de Magiftratures importantes! Pourquoi le fort
d'un innocent emprifonné injuftement eft-il fi
différent de nos jours? C'eft parce que le fyftême actuel de la Jurifprudence criminelle préfente à nos efprits l'idée de la force & de la puif-

lance plutôt que celle de la justice ; c'est parce qu'on jette dans le même cachot un accusé & un criminel convaincu ; c'est parce que la prison est parmi nous un supplice, plutôt qu'un moyen de s'assurer de la personne de l'accusé ; c'est parce que la force extérieure qui défend le trône & la nation, & la force intérieure gardienne des loix, sont séparées, tandis qu'elles devroient être toutes les deux unies. Si la seconde étoit, (sous l'autorité commune des Loix,) combinée avec le droit de juger, sans cependant dépendre immédiatement du Magistrat , l'éclat qui accompagne la pompe & le faste d'un corps militaire, feroit disparoître l'infamie dont il s'agit ; comme nous voyons par l'expérience que la prison militaire ne deshonore pas autant que la prison civile, parce qu'en général l'infamie, comme toutes les opinions populaires, s'attache plus à la forme qu'au fond, à la maniére qu'à la chose. Mais la barbarie & les idées féroces des chasseurs du Nord, à qui nous devons notre origine, subsistent encore parmi le peuple, dans nos mœurs & dans notre législation, la bonté des Loix étant toujours en arriére de plusieurs siécles aux lumiéres actuelles des Nations.

§. VII.

Des indices & de la forme des Jugemens.

VOICI un théorême général utile pour calculer la certitude d'un fait; d'un crime, par exemple. Lorsque les preuves du fait sont dépendantes les unes des autres, c'est-à-dire, lorsque les indices ne le prouvent & ne se soutiennent que les uns par les autres; lorsque la vérité de plusieurs preuves dépend de la vérité d'une seule, le nombre des preuves n'augmente ni ne diminue la probabilité du fait, parce qu'alors la force de toutes les preuves n'est que la force même de celle dont elles dépendent, & que si on renverse celle-ci, toutes tombent à la fois. Quand les preuves sont indépendantes l'une de l'autre, & que chaque indice se prouve à part, la probabilité du fait croit en raison du nombre des indices, parce que la fausseté de l'un n'entraine pas la fausseté de l'autre.

On pourra s'étonner de me voir employer le mot de probabilité en parlant des crimes qui, pour mériter une peine, doivent être certains. Mais il faut remarquer que, rigoureusement parlant, la certitude morale n'est qu'une probabilité, qui est appellée certitude, parce que tout homme en son bon sens est forcé d'y donner son

affentiment, & qu'il y eft déterminé néceffairement par une habitude qui eft la fuite de la néceffité d'agir, & qui eft antérieure à toute fpé-
culation. La certitude qu'on exige pour affurer
qu'un homme eft coupable, eft donc celle qui
détermine les hommes dans toutes les actions les
plus importantes de leur vie.

On peut diftinguer deux fortes de preuves d'un
crime, les preuves parfaites & les preuves imparfaites. J'appelle parfaites celles qui excluent
la poffibilité de l'innocence de l'accufé : imparfaites, celles qui n'excluent pas cette poffibilité.
Une feule preuve parfaite fuffit pour autorifer la
condamnation. Quant aux preuves imparfaites,
il en faut un nombre affez grand pour former
une preuve parfaite; c'eft-à-dire, qu'il faut que,
quoique chacune n'exclue pas la poffibilité de
l'innocence, la réunion de toutes contre l'accufé
exclue cette poffibilité. Ajoutons encore que les
preuves imparfaites auxquelles l'accufé ne répond
rien de fatisfaifant, quoique fon innocence dût
lui fournir des moyens d'y répondre, deviennent
parfaites.

Mais il eft plus facile de fentir cette certitude morale des preuves, que de la définir. C'eft
ce qui me fait regarder comme une loi très-fa-
ge celle qu'on obferve dans quelques nations, de
donner au Juge principal des Affeffeurs choifis

par le fort, parce que l'ignorance qui juge par
fentiment eft moins fujette à l'erreur que la fcience des loix qui juge d'après l'opinion. Là où les
loix font claires & précifes, l'office du Juge ne
confifte qu'à conftater le fait. Si, dans la recher-
che des preuves d'un délit, il faut de l'adreffe
& de l'habileté ; s'il faut de la précifion & de
la clarté pour exprimer le réfultat de cette recherche ; pour juger d'après ce réfultat même,
il ne faut que le bon fens qui guidera plus fûrement que tout le favoir d'un Juge accoutumé
à vouloir trouver des coupables, & qui ramene
tout à un fyftême factice, emprunté de fes étu-
des. Heureufe la nation où la connoiffance des
loix ne feroit pas une fcience !

C'eft une loi très-utile que celle qui prefcrit
que tout homme foit jugé par fes pairs ; parce
que lorfqu'il eft queftion du fort d'un citoyen,
on doit impofer filence à tous les fentimens qu'inf-
pire la différence des rangs & des fortunes.
Le mépris avec lequel l'homme puiffant regarde
l'homme foible, & l'indignation qu'excite dans
l'inférieur la vue de celui qui eft au-deffus de
lui, ne doivent point avoir lieu entre le Juge &
l'accufé.

Mais quand le délit eft l'offenfe d'un tiers,
alors la moitié des Juges doit être prife parmi
les pairs de l'accufé, & la moitié parmi ceux de

l'offenſé. C'eſt ainſi qu'en balançant toujours la force de l'intérêt particulier, qui modifie aux yeux de l'homme le plus équitable, & malgré lui, les apparences des objets, on ne laiſſera plus parler que les loix & la vérité. Il eſt encore très-juſte qu'un accuſé puiſſe recuſer un certain nombre de ceux de ſes Juges qui lui ſont ſuſpects. Dans une nation où l'accuſé jouit conſtamment de ce droit, le coupable paroîtra ſe condamner lui-même. Les jugemens doivent être publics auſſi bien que les preuves du crime, afin que l'opinion publique mette un frein à la force des Puiſſans, & aux paſſions des Juges, & que chaque citoyen puiſſe dire, je ſuis protégé par la loi, & je ne ſuis point eſclave; ſentiment qui inſpirera le courage, & qui équivaudra à un tribut pour le Souverain qui entend ſes véritables intérêts. Je n'entrerai pas dans de plus longs détails, & je n'indiquerai pas toutes les précautions néceſſaires à prendre pour faire de ſemblables inſtitutions. Je n'aurai rien dit pour ceux qui croiroient qu'il eſt néceſſaire de dire tout.

§. VIII.

Des Témoins.

C'EST un point important dans toute légiſlation de déterminer exactement les principes d'où dépendent la crédibilité des témoins & la force des preuves du crime. Tout homme raifonnable, c'eft-à-dire, dont les idées ont une certaine liaifon entre elles, & dont les fenfations font conformes à celles de fes femblables, peut rendre témoignage. Mais la croyance qui lui eft dûe doit fe mefurer fur l'intérêt qu'il a de dire, ou de ne pas dire la vérité.

Ce principe nous montre d'abord que c'eft fur des motifs frivoles & puériles, que les loix n'admettent en témoignage, ni les femmes, à caufe de leur foibleffe ; ni les condamnés, parce qu'ils font morts civilement; ni les perfonnes notées d'infamie : puifque, dans tous ces cas, des témoins doivent être crus, lorfqu'ils n'ont aucun intérêt de mentir.

Parmi les abus du langage qui ont influé fi fortement fur les affaires de ce monde, un des plus remarquables eft celui qui a conduit les légiflateurs à déclarer nulle la dépofition d'un coupable déja condamné. Un tel homme eft mort civilement, difent gravement des Jurifconfultes fophiftes, & un mort eft incapable de toute action. On a facrifié bien des victimes à cette vaine métaphore, & on a fouvent & férieufement contefté à la vérité le droit de l'emporter fur les formes judiciaires. Pourvû que les dépofitions d'un coupable condamné ne retardent pas le cours de la Juſtice, pourquoi ne pas accorder, même après la condamnation, aux intérêts de la vérité & à la ſituation terrible du malheureux, un peu de tems encore, afin qu'il puiſſe ſe juſtifier lui-même ou d'autres accuſés, s'il peut apporter des preuves nouvelles qui changent la nature du fait? Les formes ſont néceſſaires dans l'adminiſtration de la juſtice, ſoit parce qu'elles ne laiſſent rien à l'arbitraire de la part du Magiſtrat, ſoit parce qu'elles font comprendre au peuple que les jugemens ne ſont point tumultuaires & intéreſſés, mais réguliers; ſoit enfin parce que les ſenſations font des impreſſions plus fortes que les raiſonnemens ſur les hommes imitateurs & eſclaves de l'habitude, & que la vérité ſouvent trop ſimple ou trop compliquée, a beſoin de quelque pompe extérieure pour obtenir le reſpect d'un peuple ignorant : mais elles ne doivent jamais être fixées par les loix de maniére qu'elles puiſſent devenir funeſtes à l'innocence, ſans quoi elles entraîneront les plus grands inconvéniens.

On peut donc admettre en témoignage toute perſonne qui n'a aucun intérêt de mentir. La crédibilité d'un témoin eſt donc plus ou moins grande, à proportion de la haine ou de l'amitié qu'il porte à l'accuſé, & des autres relations plus ou moins étroites qu'ils ont enſemble. Un ſeul témoin ne ſuffit pas, parce que tant que l'accuſé nie ce qu'un feul témoin affirme, il n'y a rien de certain, & le droit que chacun a d'être cru innocent prévaut.

La crédibilité d'un témoin eft d'autant moindre, que le crime eft plus atroce & moins vraisemblable. Les criminaliftes ont un principe entiérement contraire. Voici leur axiôme diclé par la plus cruelle imbécillité. *In atrociſſimis leviores conjecturæ ſufficiunt, & licet Judici jura tranſgredi.* Traduifons-le en langage vulgaire, & que les Européens y voient une de ces maximes déraifonnables & en fi grand nombre, auxquelles ils font foumis prefque fans le favoir. *Dans les délits les plus atroces,* (c'eft-à-dire, les moins probables,) *les conjectures les plus légeres ſuffiſent contre l'accuſé, & le Juge peut s'écarter des loix.* Mais les abfurdités pratiques de la légiflation font fouvent l'ouvrage de la crainte, fource féconde des contradictions humaines. Les Légiflateurs particuliers, c'eft-à-dire, les Jurifconfultes, dont l'autorité devient décifive après qu'ils font morts, & qui d'Ecrivains intéreffés, & dont les opinions étoient vénales, deviennent arbitres fouverains du fort des hommes ; les Légiflateurs particuliers, dis-je, effrayés par la condamnation de quelque innocent, ont chargé la jurifprudence de formalités inutiles, dont l'exacte obfervation feroit affeoir l'impunité de l'Anarchie fur le trône de la Jufti-

ce ; d'autres fois épouvantés par quelques crimes
atroces & difficiles à prouver, ils ont cru devoir
négliger les formes les plus néceſſaires qu'ils a-
voient eux-mêmes établies. C'eſt ainſi que tantôt
par un deſpotiſme impatient, tantôt par une crainte puérile, ils ont transformé les jugemens que les
hommes dévoient reſpecter, en une eſpece de jeu
de hazard.

Cette maxime, que *la crédibilité du témoin eſt
d'autant moindre, que le crime eſt plus atroce, ou les
circonſtances moins vraiſemblables,* trouve ſon application dans les accuſations de magie, ou d'actions gratuitement cruelles. Dans le premier cas,
il eſt plus probable qu'un nombre d'hommes ca-
lomnient, ou ſe trompent, par haine ou par ignorance, qu'il ne l'eſt qu'un homme exerce un pouvoir que Dieu a refuſé à tout être créé. Dans le
ſecond cas, c'eſt-à-dire, lorſqu'on impute à un
accuſé une action gratuitement cruelle, la pré-
ſomption eſt encore contre l'accuſateur, parce que
l'homme n'eſt pas cruel ſans intérêts, ſans motif
de haine ou de crainte, &c. Il n'y a point dans
le cœur humain de ſentiment inutile & ſuperflu;
tous ceux qui l'agitent ſont toujours le réſultat des
impreſſions faites ſur ſes ſens.

La crédibilité d'un témoin peut être quelquefois moindre, s'il eſt membre de quelque ſociété
particuliére dont les coutumes & les maximes

ſoient peu connues, ou différentes des uſages &
des principes communs ; parce qu'un tel homme
a non ſeulement ſes propres paſſions, mais celles
des autres.

Enfin la croyance dûe à un témoin eſt preſque
nulle, quand il s'agit de diſcours dont on veut
faire un crime, parce que le ton, le geſte, tout
ce qui précéde, accompagne & ſuit les différentes
idées que les hommes attachent aux paroles, al-
terent & modifient les diſcours de telle maniére,
qu'il eſt preſque impoſſible de les répéter, tels
préciſément qu'ils ont été tenus. Les actions violentes & telles que le ſont les véritables délits,
laiſſent des traces dans la multitude de leurs circonſtances, & dans les effets qui en dérivent ; &
plus le nombre de ces effets & de ces circonſtances allégués dans l'accuſation eſt grand, plus
l'accuſé a de moyens de ſe juſtifier. Mais les diſcours ne laiſſent rien après eux, & ne ſubſiſtent
que dans la mémoire des auditeurs, le plus ſouvent infidéle ou ſéduite. Il eſt donc infiniment
plus facile de fonder une calomnie ſur des paroles, que ſur des actions.

§. IX.

Des accuſations ſecrettes.

Les accuſations ſecrettes ſont un abus manife-
ſte, mais conſacré dans pluſieurs nations. Elles n'y

font néceffaires qu'en conféquence de la foibleffe
du gouvernement. Elles rendent les hommes
faux & perfides. Celui qui peut foupçonner un
délateur dans fon concitoyen, y voit bientôt un
ennemi : on s'accoutume à mafquer fes fentimens,
& l'habitude que l'on contracte de les cacher
aux autres, fait bientôt qu'on fe les cache à foi-
même. Malheureux les hommes dans cette trifte
fituation ! Ils errent fur une vafte mer, occupés
uniquement de fe fauver des délateurs, comme
d'autant de monftres qui les menacent ; l'incertitude de l'avenir couvre pour eux d'amertume
le moment préfent. Privés des plaifirs fi doux de
la tranquillité & de la fécurité, à peine quelques
inftans de bonheur répandus çà & là fur leur
malheureufe vie, & dont ils jouiffent à la hâte
& dans le trouble, les confolent-ils d'avoir vécu.
Eft-ce parmi de pareils hommes que nous trouve-
rons d'intrépides foldats, défenfeurs du Trône &
de la Patrie ? Y trouverons-nous des Magiftrats in-
corruptibles, qui fachent foutenir & développer
les véritables intérêts du Souverain avec une éloquence libre & patriotique, qui portent au Trône avec les tributs, l'amour & les bénédictions de
tous les ordres de citoyens, pour en rapporter au
Palais des Grands, & à l'humble toit du pauvre,
la fécurité, la paix, l'efpérance induftrieufe d'a-
méliorer fon fort, levain utile de la fermentation
& principe de la vie des Etats ?

Qui peut fe défendre de la calomnie, quand elle eft armée du bouclier impénétrable de la tyrannie, le fecret ? Quel miférable gouvernement que celui où le Souverain foupçonne un ennemi dans chacun de fes Sujets, & fe croit forcé pour le repos public de trouver celui de chaque citoyen !

Quels font donc les motifs par lefquels on prétend juftifier les accufations & les peines fecrettes ? La tranquillité publique, le maintien de la forme du gouvernement ? Il faut avouer que c'eft une étrange conftitution, que celle où le gouvernement, qui a déja pour lui la force & l'opinion, craint encore chaque particulier. La sûreté de l'accuflateur ? Les loix ne le défendent donc pas fuffifamment ; il y a donc des fujets plus puiffans que le fouverain & les loix. La néceffité de fauver le délateur de l'infamie ? C'eft-à-dire que, dans le même Etat, la calomnie publique fera punie, & la calomnie fecrette autorifée. La nature du délit ? Si les actions indifférentes, ou même utiles au bien public, font déférées & punies comme criminelles, on a raifon ; l'accufation & le jugement ne peuvent jamais être affez fecrets. Mais peut-il y avoir un crime, c'eft-à-dire, une violation de droits de la fociété, qu'il ne foit pas de l'intérêt de tous de punir publiquement ? Je refpecte tous les gou-

vernemens, & je ne parle d'aucun en particulier.
Telle eſt quelquefois la nature des circonſtances
que les abus ſont inhérens à la conſtitution d'un
Etat, & qu'on peut croire qu'il n'eſt pas poſſible de les extirper ſans détruire le corps politique. Mais ſi j'avois à dicter de nouvelles loix dans
quelque coin abandonné de l'Univers, l'idée de
la poſtérité préſente à mes yeux arrêteroit ma main
tremblante, & me mettroit dans l'impoſſibilité
d'autoriſer une ſemblable coutume.

M. de Monteſquieu a déja dit que les accuſations publiques ſont conformes à la nature du gouvernement républicain, où le zèle du bien public
doit être la première paſſion des citoyens ; & que
dans les Monarchies, où ce ſentiment eſt très-
foible par la nature du gouvernement, c'eſt un
établiſſement ſage que celui de Magiſtrats, qui
faiſant les fonctions de partie publique, mettent
en cauſe les infracteurs des loix. Mais tout gouvernement, ſoit républicain, ſoit monarchique,
doit infliger au calomniateur la peine décernée
contre le crime dont il accuſe.

§. X.

Des interrogations ſuggeſtives.

Nos loix proſcrivent les interrogations ſuggeſtives, c'eſt-à-dire, ſelon les Juriſconſultes, celles
qui

qui portent fur l'*efpèce*. Elles veulent que l'interrogation, rélative aux circonftances d'un délit, ne
porte que fur le *genre*, & elles ne permettent pas
celles qui, ayant une connexion directe avec le
délit, fuggéreroient à l'accufé une réponfe immédiate. Les interrogations, felon les criminaliftes
ne doivent tendre au fait qu'indirectement, &
jamais en droite ligne. Les motifs qu'on a eus pour
établir ces règles font, ou qu'on ne veut pas fuggérer à l'accufé une réponfe qui le fauve, ou parce qu'on a cru qu'il étoit contre la nature qu'un
coupable s'accusât lui-même. Mais quel que foit
celui de ces deux motifs qu'on a eu en vue, les loix
font tombées dans une contradiction bien remar-
quable en profcrivant les interrogations fuggefti-
ves, & en autorifant en même tems la queftion;
car peut-il y avoir une interrogation plus fuggef-
tive que la douleur? S'il ne faut pas fuggérer une
réponfe à l'accufé, la douleur ne fuggére-t-elle
pas à l'homme robufte une taciturnité obftinée, à
l'aide de laquelle il change une peine plus grande
en une peine moindre; & à l'homme foible, un
aveu par lequel il fe délivre d'un mal préfent qui
l'affecte plus fortement que le mal à venir? Si
une interrogation fpéciale eft contre le droit de
la nature, en induifant le criminel à s'accufer lui-
même, les tourmens ne l'induiront-ils pas encore plus fortement? Mais les hommes fe règlent

C

plus par la différence des noms, que par celle
des chofes.

Finiffons par une autre obfervation. Celui qui
s'obftine à ne pas répondre dans l'interrogatoire qu'on lui fait fubir, mérite une peine qui
doit être fixée par la-loi, & une peine des
plus graves parmi celles qu'elle prononce, afin
que les coupables n'évitent pas par-là de donner
au public l'exemple qu'ils lui doivent. Cette
peine particuliére n'eft pas néceffaire, lorfqu'il
eft hors de doute que l'accufé a commis le
crime dont il s'agit, parce qu'alors l'interrogatoire eft inutile, comme la confeffion l'eft, lorfque d'autres preuvres démontrent qu'il eft coupable. Ce dernier cas eft plus ordinaire, parce
que l'expérience montre que dans la plus grande
partie des procès criminels, les coupables font
négatifs.

§. XI.

Des Sermens.

C'EST une contradiction entre les loix & les
fentimens naturels de l'homme, que celle qui
réfulte de l'ufage des fermens qu'on exige d'un
accufé dont on veut faire un homme véridique,
lorfqu'il a le plus grand intérêt à ne pas l'être.
Comme fi l'homme pouvoit fe croire obligé de
contribuer à fa propre deftruction; comme fi la

Religion ne se taisoit pas dans le plus grand nombre des hommes, lorsque l'intérêt éleve sa voix
contre elle. L'expérience de tous les siécles montre
qu'on a plus abusé de ce don sacré du Ciel, que de
toute autre chose. Comment les scélérats la res-
pecteront-ils, si elle est souvent violée par les
hommes estimés les plus sages ? Les motifs que la
Religion oppose dans de pareilles circonstances
à la crainte du mal & à l'amour de la vie, sont
presque tous trop foibles & trop peu sensibles.
Les choses du Ciel sont soumises à des loix entiérement différentes de celles de la terre : pourquoi compromettre les unes avec les autres ?
Pourquoi placer l'homme dans la terrible nécessité, ou d'offenser Dieu, ou de concourir à sa
propre destruction ? La loi qui prescrit le serment en pareil cas, ne laisse à l'accusé que le
choix d'être ou mauvais Chrétien, ou Martyr.
Le serment devient peu-à-peu une simple formalité, & l'on détruit par-là toute la force des
sentimens de la Religion, l'unique motif de
l'honnêteté de la plus grande partie des hommes. L'expérience montre l'inutilité de cette pratique, puisqu'il n'y a point de Juge qui ne con-
vienne que jamais le serment n'a fait dire la
vérité à un coupable ; & la raison fait voir que
cela doit être ainsi, en nous montrant que toutes
les loix opposées aux sentimens naturels de l'hom-

me font vaines & par conféquent funeftes. Des
loix pareilles font comme une digue oppofée directement au cours d'un fleuve. Ou la digue
eft abattue & renverfée fur le champ, ou les
efforts lents & répétés de l'eau la minent & la
détruifent infenfiblement.

§. XII.
De la Queftion.

UNE des cruautés confacrées par l'ufage de
la plus grande partie des nations, eft la queftion donnée à l'accufé pendant le cours de l'inftruction de la procédure, ou pour tirer de lui
l'aveu du crime, ou pour éclaircir les contradictions dans lefquelles il eft tombé, ou pour
le forcer à déclarer fes complices, ou pour
découvrir d'autres crimes dont il n'eft pas accufé & dont il pouroit être coupable, ou pour
je ne fais quelle néceffité métaphyfique & difficile à comprendre, de purger l'infamie.

Nous préfenterons d'abord quelques raifons
générales qui montreront l'injuftice & la barbarie de cette coutume, & nous ferons voir enfuite l'infuffifance des motifs qui l'ont fait établir.

Un homme ne peut être regardé comme criminel avant la fentence du Juge; & la fociété
ne peut lui retirer la protection publique, qu'a-
près qu'il a été prouvé qu'il a violé les conditions

auxquelles elle lui avoit été accordée. Quel autre droit que celui de la force peut autorifer un
Juge à infliger une peine à un citoyen, l'orfqu'on
doute encore s'il eft innocent ou coupable? Ce
n'eft pas un dilemme bien difficile à faifir que
celui-ci: Le délit eft certain ou incertain. S'il eft
certain, il ne doit être puni que de la peine fixée
par la loi, & la torture eft inutile, parce que
la confeffion même du coupable eft inutile auffi.
Si le délit eft incertain, on ne doit pas tourmenter l'accufé, par la raifon qu'on ne doit pas
tourmenter un innocent, & que, felon les loix,
celui-là eft innocent, dont le crime n'eft pas
prouvé.

La fin politique de l'établiffement des peines
eft d'infpirer la terreur aux autres hommes par la
force de l'exemple. Il faut donc qu'elles foient
publiques. Mais d'après ce principe, que peut-on
penfer de ces boucheries fecrettes établies dans
l'obfcurité des prifons, & de ces tourmens que
la tyrannie de l'ufage inflige aux coupables &
aux innocens?

Il eft important fans doute qu'aucun crime
connu ne demeure impuni. Mais il eft inutile
de découvrir l'auteur d'un crime caché dans les
ténébres. Un crime déja commis, auquel il n'y
a plus de remède, ne peut être puni par la fociété politique, que pour empêcher que d'au-

tres hommes n'en commettent de femblables par l'efpérance de l'impunité. S'il eft vrai, com-me on n'en peut douter, que parmi les hom-mes le plus grand nombre eft de ceux qui ref-pectent les loix par crainte ou par vertu; le rifque de tourmenter un innocent eft continuel, parce qu'il eft plus probable, toutes chofes éga-les d'ailleurs, que l'accufé les a plutôt refpec-tées que violées.

C'eft vouloir confondre tous les rapports, que d'exiger qu'un homme foit lui-même fon acu-fateur. Or c'eft ce qu'on fait par l'ufage de la queftion. La loi qui autorife la torture eft une loi qui dit : » Hommes, réfiftez à la douleur; » la nature vous a donné un amour invincible » de votre être & un droit inaliénable à votre » propre défenfe; mais je crée en vous un fen-» timent entiérement oppofé à celui-là, une » haine héroïque de vous-mêmes; je vous or-» donne de vous accufer & de dire la vérité » qui vous fera funefte, même au milieu du » déchirement de vos mufcles, & du brifement » de vos os. »

Examinons maintenant les motifs qu'on a eus d'établir l'ufage de la queftion.

Le premier eft qu'on a penfé que la douleur étoit un moyen de découvrir le crime, un *critere* de vérité; comme fi ce *critere* devoit être tiré

des mufcles & des fibres d'un malheureux qu'on
déchire dans les tourmens. Ce moyen infame de
découvrir la vérité eft un monument encore fub-
fiftant de cette légiflation barbare ou les épreu-
ves du feu, de l'eau bouillante, & l'incertitude des combats étoient appellés les jugemens
de Dieu: comme fi les anneaux de cette chaine
éternelle dont l'origine eft dans le fein de Dieu,
pouvoient fe défunir à chaque inftant pour les
frivoles établiffemens des hommes. La feule différence qu'on puiffe affigner entre les épreu-
ves de la torture, d'une part, & celle du feu
& de l'eau bouillante, eft que le fuccès de la
première dépend de la volonté de l'accufé, &
le fuccès de celles-ci, d'un fait phyfique & ex-
térieur. Mais cette différence eft plus apparente
que réelle. L'accufé mis à la queftion eft auffi
peu le maitre de dire la vérité au milieu des
tourmens, qu'il l'étoit autrefois d'empêcher fans
fraude les effets du feu & de l'eau bouillante.

Tout acte de notre volonté eft toujours propor-
tionné à la force de l'impreffion fenfible qui en eft
la caufe, & la fenfibilité de tout homme eft bornée.
L'impreffion de la douleur peut donc croitre à un
tel degré, qu'en occupant l'ame toute entiére,
elle ne lui laiffe aucune liberté, aucune activité
à exercer, que de prendre au moment même la
voie la plus courte pour écarter la douleur. Alors

la réponfe de l'accufé fera néceffaire, comme l'impreffion du feu & de l'eau. Alors l'innocent criera
qu'il eft coupable pour faire ceffer fes tourmens;
& le même moyen employé pour diftinguer l'innocent & le criminel, fera évanouir toute différence entr'eux.

La torture eft donc plutôt un fûr moyen de
condamner les innocens foibles, & d'abfoudre
les fcélérats robuftes. Voilà les terribles inconvéniens de l'ufage qu'on veut faire de ce prétendu
critere de vérité, ufage digne des Cannibales, &
que les Romains même, barbares à plus d'un titre,
réfervoient pour les feuls efclaves, malheureufes
victimes d'une vertu féroce qu'on a trop louée.

De deux hommes également innocens ou coupables, le robufte & le courageux fera abfous,
le foible & le timide condamné en conféquence de
ce beau raifonnement-ci: Moi, Juge, il faut que
je trouve un coupable; toi qui as de la vigueur,
tu as réfifté à la la douleur, & pour cela je t'abfous:
toi plus foible, tu as cédé à la force des tourmens,
ainfi je te condamne; je fens que la confeffion qui
t'a été arrachée, n'a aucune force; mais fi tu ne
confirmes pas ce que tu as confeffé, je te ferai
tourmenter de nouveau.

Le réfultat de la queftion eft donc une affaire
de calcul & de temperament, qui doit varier dans
chaque homme, felon les différentes proportions

de fa force & de fa fenfibilité; de forte que le problême de découvrir la vérité par cette voie feroit mieux réfolu par un Mathématicien que par un Juge, & voici comment on pourroit l'exprimer : *étant données la force des mufcles & la fenfibilité des fibres d'un innocent, trouver le degré de douleur qui le fera confeffer qu'il eft coupable d'un crime donné.*

Si la vérité fe démêle fi difficilement dans l'air, le gefte & la phyfionomie d'un homme tranquille, on la découvrira bien moins dans des traits altérés par les convulfions de la douleur. Toute action violente confond & fait difparoitre les petites différences des mouvemens par lefquels on diftingue quelquefois le menfonge de la vérité.

On n'a pas affez remarqué un effet néceffaire de l'ufage de la queftion; c'eft de mettre l'innocent dans une condition pire que celle du coupable; l'un & l'autre étant appliqués à la torture, le premier a toutes les combinaifons contre lui : en effet, s'il avoue le crime qu'il n'a pas commis, il eft condamné : s'il eft déclaré innocent, il a fouffert une peine qu'il ne méritoit pas. Le coupable, au contraire, a un cas en fa faveur, puifque s'il réfifte aux tourmens avec fermeté, il eft abfous; il a gagné au change, en fubiffant une peine plus légere que celle dont il étoit menacé. Ainfi l'innocent ne peut que perdre, & le criminel peut gagner.

L'infuffifance de ce prétendu moyen de découvrir la vérité a été fentie, bien que confufément, par les Légiflateurs eux-mêmes. La confeffion faite durant les tourmens eft nulle, fi elle n'eft confirmée avec ferment après la ceffation de la torture. Il eft vrai que fi l'accufé ne confirme fon aveu, il eft de nouveau tourmenté. Quelques Jurifconfultes & quelques nations ne permettent cette infame pétition de principe, que jufqu'à trois fois; d'autres Docteurs & d'autres nations abandonnent la chofe à la difcrétion du Juge.

Il feroit inutile de confirmer ces réflexions par les exemples fans nombre d'innocens qui fe font reconnus coupables dans les tourmens. Il n'y a point de nation & point de fiécle qui ne cite les fiens. Mais les hommes ne changent point, & ne tirent point de conféquence, ni des faits qu'ils connoiffent, ni des principes qu'ils adoptent. Il n'y a point d'homme ayant porté fes idées un peu audelà des premiers befoins de la vie, qui, rappellé par la voix fourde & fecrette de la Nature, ne foit tenté de revenir à elle, & de fe rejetter entre fes bras. Mais l'ufage, ce tyran des ames, l'épouvante & le retient.

2°. On applique un accufé à la queftion pour éclaircir, dit-on, les contradictions dans lefquelles il tombe dans les interrogatoires qu'on lui fait fubir : comme fi la crainte du fupplice, l'incertitude & l'appareil du Jugement, la majeſté du Juge, l'ignorance même commune aux inno-cens & aux coupables, ne devoient pas faire tomber en contradiction, & la timide innocen-ce, & le crime qui cherche à ſe cacher; comme ſi les contradictions, ſi ordinaires à l'homme tran-quille, ne devoient pas ſe multiplier dans le trou-ble de l'ame abſorbée toute entière dans la penſée de ſe ſauver d'un danger imminent.

3°. Donner la torture pour découvrir ſi un coupable a commis d'autres crimes que celui dont il eſt convaincu, c'eſt ſe conduire d'après le rai-ſonnement ſuivant que le Juge peut être ſuppoſé faire à l'accuſé : Tu es coupable d'un crime; donc il eſt poſſible que tu en ayes commis cent autres. Ce doute m'inquiete & me peſe. Je veux m'en éclaircir avec mon critere de vérité. Les loix te feront tourmenter, non-ſeulement parce que tu es coupable, mais parce que tu peux être plus coupable.

4°. On donne la torture à un coupable pour découvrir ſes complices. Mais ſi nous avons prouvé qu'elle n'eſt pas un moyen de connoitre la vérité, comment ſervira-t-elle à faire connoitre les complices, connoiſſance qui eſt une des véri-tés qu'on cherche ? Certainement celui qui s'ac-cuſe lui-même, accuſera les autres encore plus facilement. D'ailleurs eſt-il juſte de tourmenter un homme pour le crime d'un autre? Ne découvrira-t-on pas les complices par l'examen des témoins, du criminel, des preuves, du corps du délit, & enfin par tous les moyens qui ont servi à constater le crime de l'accusé? Ordinairement les complices fuient, lorsque leur camarade est prisonnier. L'incertitude seule de leur sort les condamne à l'exil, & délivre la Société du danger d'en recevoir de nouveaux dommages, tandis que la peine du coupable qu'elle a entre les mains, sert à éloigner les autres hommes du crime par la terreur de l'exemple.

5°. Il nous reste à examiner un autre motif ridicule de l'usage de la question, la prétendue nécessité de purger l'accusé d'infamie. En vérité une coutume si barbare ne devroit pas être tolérée au dix-huitième siecle. La douleur est une sensation qui ne sauroit influer sur un rapport entiérement moral, tel que l'infamie. La question est-elle un creuset, & l'infamie une matiere impure & hétérogene qu'on veuille séparer d'un corps auquel elle est mêlée?

L'infamie n'est réglée ni par les loix, ni par la raison : elle est toujours l'ouvrage de l'opinion. La torture même rend infame celui qui en est la victime, & cette méthode répandroit l'infamie sur celui qu'on veut laver d'infamie.

Il n'est pas difficile de remonter à l'origine de

cette loi ridicule , parce que les abſurdités adop-
tées par une nation entiére , ont toujours quelque
relation à d'autres idées établies & reſpectées dans
la même nation. Cet uſage ſemble dériver des
pratiques de la Religion qui ont tant d'influence
ſur les eſprits des hommes de tous les ſiécles & de
tous les pays. La foi nous enſeigne que les taches
contractées par la foibleſſe humaine , & qui n'ont
pas mérité la colère éternelle de l'Etre ſuprême ,
ſont purgées dans une autre vie par un feu incom-
préhenſible. L'infamie eſt une tache, & puiſque
la douleur & le feu du Purgatoire emportent les
taches ſpirituelles , pourquoi les tourmens de la
queſtion ne feroient - ils pas diſparoitre la tache
civile de l'infamie ? la confeſſion du coupable qu'on
exige dans certains Tribunaux comme eſſentielle
pour la condamnation , paroit avoir une origine
ſemblable , & s'être établie d'après le modéle du
Tribunal myſtérieux de la Pénitence , où la confeſſion des péchés eſt une partie eſſentielle du Sacrement. C'eſt ainſi que les hommes abuſent des
lumières les plus certaines de la révélation. C'eſt
ainſi que dans les ſiécles d'ignorance les hommes
ont recours à la Religion , qui ſeule demeure ſub-
ſiſtante , & qu'ils font de ſes principes & de ſes
pratiques les plus abſurdes applications.

Je finirai ce Chapitre par une remarque ; c'eſt
que les vérités que nous y avons expoſées ont été

connues des Légiſlateurs Romains, qui n'établirent la queſtion que pour les eſclaves, eſpéce d'hommes à qui il ne reſtoit aucune perſonalité civile. Elles ont été reconnues & miſes en pratique en Angleterre, nation qui juſtifie la bonté de ſes loix par ſes progrès dans les ſciences, par ſa ſupériorité dans le commerce, & dans les richeſſes & la puiſſance qui en ſont les ſuites, & par les modéles qu'elle donne de courage & de vertu. Elles ont été connues en Suede, où la torture a été abolie: elles ont été connues par un des plus ſages Monarques de l'Europe, qui ayant fait aſſeoir la philoſophie ſur le trône, Légiſlateur bienfaiſant de ſes Sujets, les a rendus égaux & libres ſous la dépendance des loix, ſeule liberté & ſeule égalité que des hommes raiſonnables puiſſent exiger dans l'état préſent des choſes. Enfin la torture n'a point été regardée comme néceſſaire par les loix militaires, dans ces armées compoſées de la lie des nations, où elle ſembleroit devoir être établie plus que partout ailleurs : phénomene bien étonnant pour celui qui n'a pas conſidéré avec aſſez d'attention combien eſt grande la tyrannie de l'uſage, des hommes endurcis aux meurtres, & familiariſés avec le ſang, enſeignent l'humanité aux Légiſlateurs d'un peuple en paix.

❋✠❋

§. XIII.

De la durée de l'Inſtruction & de la Preſcription.

LES preuves du délit étant obtenues , & ſa certitude déterminée , il eſt néceſſaire d'accorder au coupable du tems & les moyens de ſe juſtifier, s'il le peut. Mais ce tems doit être aſſez court pour ne pas préjudicier à la promptitude de la peine qui eſt un des freins les plus puiſſans du cri- me. On pourra blâmer cette promptitude par un amour de l'humanité mal entendu ; mais cette dif- ficulté n'arrêtera point celui qui conſidérera que ſi l'innocence peut courir quelque danger par l'obſervation de la regle que nous preſcrivons, ce n'eſt qu'en conſéquence des autres vices de la Légiſlation.

Il n'appartient qu'aux loix de fixer l'eſpace de tems qu'on doit employer à la recherche des preu- ves du crime , & celui qu'on doit accorder à l'ac- cuſé pour ſa propre défenſe. Si le Juge avoit ce droit , il feroit Légiſlateur. Pour ſes crimes atro- ces , dont la mémoire ſubſiſte long-tems parmi les hommes , lorſqu'ils ſont prouvés une fois , il ne doit y avoir aucune preſcription en faveur du cou- pable qui s'eſt ſouſtrait par la fuite : mais pour des crimes moins conſidérables , & qui ſont moins de fenfation, il faut fixer un tems, après lequel le citoyen ceffe d'être incertain de fon fort. La rai-fon de cette différence eft que l'obfcurité, qui dans ce dernier cas a enveloppé le crime pendant long-tems, empêche qu'il n'y ait un exemple d'impu-nité, & laiffe au coupable le pouvoir de devenir meilleur.

Il me fuffit d'indiquer ici des principes généraux, parce que, pour fixer des limites précifes, il fau-droit avoir en vue telle ou telle légiflation, & une fociété placée dans des circonftances données. J'ajouterai feulement que dans une nation qui vou-droit éprouver les avantages des peines modérées, des loix qui, felon la grandeur du délit, augmen-teroient ou diminueroient le temps de la prefcrip-tion, & celui de la preuve, & qui feroient ainfi d'un exil volontaire, ou de la prifon même, une partie de la peine, fourniroient parlà une progref-fion facile à fuivre, d'un petit nombre de peines douces pour un grand nombre de délits.

Il faut cependant remarquer que le tems pour la prefcription, & celui qu'on emploie à la recher-che des preuves, ne doivent pas croître l'un & l'autre en raifon de la grandeur du crime; parce que la probabilité que le crime a été commis, eft *en raifon inverfe* de fon atrocité. Il faudra donc diminuer quelquefois le tems employé à la recher-che des preuves, & augmenter celui qu'on exige-

ra

ra pour la preſcription, & réciproquement. Ceci paroit d'abord contradictoire avec ce que j'ai dit plus haut ; qu'on peut décerner des peines égales pour des crimes inégaux, en eſtimant comme une peine le tems de la preſcription, & celui de la priſon.

Pour développer mon idée, je diſtingue deux claſſes de délits. La première eſt celle des crimes atroces, qui commence à l'homicide, & qui comprend tous les crimes qui ſont au-delà. La ſeconde eſt celle des moindres délits. Cette diſtinction a ſon fondement dans la Nature. Le droit que chacun a de conſerver ſa vie, eſt un droit de Nature. Celui de conſerver ſes biens, eſt un droit de Société. Il y a beaucoup moins de motifs qui puiſſent pouſſer l'homme à ſecouer le ſentiment naturel de la compaſſion qu'il faut étouffer pour commettre les grands crimes, qu'il n'y en a qui le tentent de chercher ſon bien-être en violant un droit qu'il ne trouve point gravé dans ſon cœur, & qui n'eſt que l'ouvrage des conventions des ſociétés. La très-grande différence de probabilité de ces deux claſſes de délits, exige des loix toutes différentes. Dans les grands crimes, par la raiſon même qu'ils ſont plus rares, la plus grande probabilité de l'innocence de l'accuſé doit faire prolonger le tems de la preſcription, & diminuer celui de l'examen ; parce qu'en accélérant le

D

jugement définitif, on empêche les hommes de se flatter de l'impunité, & que le danger de laisser subsister cette idée d'impunité dans leur esprit, est d'autant plus grand, que le crime est plus atroce. Au contraire, dans les délits moins considérables, la probabilité de l'innocence de l'accusé étant moindre, il faut prolonger le tems de l'examen, & diminuer celui de la prescription: parce que l'impunité est moins dangereuse. Or on ne pourroit faire cette distinction entre ces deux espèces de délits, si les suites fâcheuses de l'impunité étoient en raison de la probabilité qu'il y aura un crime impuni. Que l'on considére aussi qu'un accusé dont l'innocence ou le crime ne sont pas constatés, quoique renvoyé faute de preuves, peut être encore arrêté pour le même crime, & soumis à une nouvelle procédure, si l'on trouve contre lui de nouveaux indices, déterminés par les loix, avant la fin du tems de la prescription fixée pour l'espéce de crime qu'il a commis. Tel est au moins le tempérament qu'on pourroit prendre, à mon avis, pour pourvoir à la fois à la sûreté & à la liberté des citoyens, sans favoriser l'une aux dépens de l'autre; écueil contre lesquels on peut donner facilement, parce que ces deux biens, patrimoine égal & inaliénable de tout citoyen, sont sujets à être envahis, l'un par le despotisme déguisé, l'autre par l'anarchie tumultueuse.

Il y a quelques efpéces de crimes fréquens dans la Société, & en même tems difficiles à confta- ter, & pour ceux-là la difficulté de trouver la preuve compenfe aux yeux de la loi la probabilité de l'innocence : mais comme la fréquence de cette forte de crimes eft bien moins la fuite de leur impunité, que l'effet de caufes différentes, le danger de les laiffer impunis n'eft pas d'une auffi grande importance. Il faudra donc diminuer éga- lement le tems de l'examen, & celui de la pref- cription. Les principes reçus font bien oppofés à ceux-là. C'eft précifément pour les crimes qu'il eft le plus difficile de conftater, comme l'adultére, la pédéraftie, &c. qu'on admet les *préfomptions*, les *fémipreuves*, comme fi un homme pouvoit être demi-innocent & demi-coupable ; c'eft-à-dire, demi-abfolvable & demi-puniffable. C'eft dans ces délits que la torture doit exercer fon cruel empire fur la perfonne de l'accufé, fur les témoins, fur toute la famille d'un malheureux, felon les enfeignemens de quelques Docteurs, qui dictent avec une injuftice froide des loix aux nations.

D'après ces principes, on reconnoitra avec étonnement que la raifon n'a prefque jamais préfi- dé à la formation de la Jurifprudence criminelle. C'eft pour les délits les plus atroces, les plus obfcurs & les plus chimériques, c'eft-à-dire, pour ceux dont la vraifemblance eft la moindre, qu'on s'eſt contenté des preuves les plus foibles & les plus équivoques ; comme ſi les loix & le Magiſtrat avoient intérêt , non pas de trouver la vérité , mais de prouver un crime ; comme ſi le riſque de condamner un innocent n'étoit pas d'autant plus grand , que la probabilité du crime eſt moindre.

La plus grande partie des hommes manquent de cette énergie d'ame , néceſſaire pour les grands crimes autant que pour les grandes vertus , & qui amene toujours les uns & les autres à la fois dans les Etats qui ſe ſoutiennent par l'activité nationale & par la paſſion du bien public ; quant à ceux qui ſubſiſtent par leur maſſe ou par la bonté de leurs loix , les paſſions affoiblies ſemblent plus propres à y maintenir la forme du Gouvernement , qu'à l'améliorer ; ce qui nous conduit à cette conſéquence importante , que les grands crimes dans une nation , ne prouvent pas toujours ſon dépériſſement.

S. XIV.

Des Crimes commencés & des Complices.

QUOIQUE les loix ne puiſſent pas punir l'intention ; ce n'eſt pas à dire pour cela qu'une action par laquelle on commence un délit , & qui marque la volonté de l'exécuter , ne mérite une peine , quoique moindre que celle qui eſt décernée contre le crime mis à exécution. Une peine eſt néceſſaire, parce qu'il eſt important de prévenir même les premiéres tentatives des crimes ; mais comme entre ces tentatives & l'exécution, il peut y avoir un intervalle de tems, il eſt bon de réſerver une peine plus grande au crime conſommé, pour laiſſer à celui qui a commencé le crime, quelques motifs qui le détournent de l'achever.

On doit auſſi décerner des peines moins grandes pour les complices d'un crime, qui n'en ſont pas les exécuteurs immédiats, que pour ceux qui l'exécutent. Quand pluſieurs hommes s'uniſſent pour courir un riſque commun, plus un riſque eſt grand, plus ils s'efforcent de le rendre égal pour tous. Des loix qui puniront plus ſévérement les exécuteurs du crime, que les ſimples complices, empêcheront que le riſque ne puiſſe ſe diſtribuer également, & feront qu'il ſera plus difficile de trouver un homme qui veuille prêter ſa main au crime médité, parce que ſon riſque ſera plus grand par la différence de la punition. Il n'y a qu'un cas où l'on peut faire une exception à cette regle : c'eſt lorſque l'exécuteur du crime reçoit de ſes complices une récompenſe particuliére. Alors la différence du riſque étant compenſée par la différence des avantages, la peine devroit être égale. Ces réflexions paroîtront bien fubtiles : mais il faut fonger qu'il eft très-important que les loix laiffent aux complices d'un crime le moins de moyens qu'il eft poffible de s'accorder entre-eux.

Quelques Tribunaux offrent l'impunité au complice d'un grand crime, qui trahit fes compagnons. Un pareil expédient a fes inconvéniens & fes avantages. Les inconvéniens font que la Société autorife la trahifon, déteftée même des fcélérats entre eux ; qu'elle introduit par là des crimes de lâcheté, qui font plus funeftes à une nation que les crimes de courage : parce que le courage n'eft pas commun, & n'attend qu'une force bien-faifante qui le dirige & le faffe concourir au bien public ; au lieu que la lâcheté eft plus répandue, & que c'eft un mal contagieux qui prend tous les jours de nouvelles forces. Le Tribunal qui emploie ce moyen, découvre fon incertitude, & la loi montre fa foibleffe, en implorant le fecours de celui-là même qui l'offenfe.

Les avantages font de prévenir les grands crimes, & de raffurer le peuple qui fe remplit de crainte, lorfqu'il voit des crimes commis, fans en connoître les auteurs. Cette pratique contribue auffi à montrer que celui qui viole les loix, c'eft-à-dire, les conventions publiques, viole facilement les conventions particuliéres. Il me fem-

ble qu'une loi générale qui promettroit l'impuni
à tout complice qui découvre un crime, feroit pré-
férable à une déclaration particuliére dans un cas
particulier, parce qu'elle préviendroit l'union des
méchans, en infpirant à chacun d'eux la crainte
de s'expofer feul au danger ; & qu'elle ne donneroit pas de l'audace à des fcélérats qui voient
qu'il y a des cas où l'on a befoin d'eux. Au refte, une pareille loi devroit joindre à l'impunité
le banniffement du délateur......

Mais c'eft vainement que je m'efforce d'étouffer les remords que je fens en autorifant les loix
faintes, le monument de la confiance publique
& la bafe de la morale humaine, à la fauffeté &
à la trahifon. Quel exemple feroit-ce enfuite
pour une nation, que de voir l'autorité manquer
à la promeffe qu'elle a faite, & s'appuyer de
vaines fubtilités, pour faire trainer au fupplice,
à la honte de la foi publique, celui qui a répon-
du à l'invitation des loix ! Ces traits ne font pas
rares, & font que beaucoup de gens ne regardent une fociété politique, que comme une ma-
chine compliquée, dont le plus puiffant ou le
plus adroit meuvent les refforts à leur gré. C'eft-
là ce qui multiplie ces hommes infenfibles à tout
ce qui fait les délices des ames tendres & fublimes, & qui, femblables au Muficien qui prome-
ne fes doigts fur un inftrument, excitent avec

D iiij

une sagacité froide les sentimens les plus chers au cœur de l'homme, & les passions les plus fortes, lorsqu'elles sont utiles à leurs fins.

§. XV.

De la douceur des peines.

La fin de l'établissement des peines ne sauroit être de tourmenter un être sensible, ni de défaire (qu'on nous permette cette expression) un crime déja commis. Comment un corps politique, qui, loin d'agir par passion, met un frein aux passions particuliéres, peut-il adopter cette cruauté inutile, instrument de la fureur & du fanatisme, ou de la foiblesse des Tyrans ? Les cris d'un malheureux dans les tourmens peuvent-ils rappeller du passé qui ne revient plus, le crime qu'il a commis ?

Aussi convient-on que l'objet des peines est d'empêcher le coupable de nuire désormais à la Société, & de détourner ses concitoyens de commettre des crimes semblables. Parmi les peines, on doit donc employer celles qui étant proportionnées aux crimes, feront l'impression la plus efficace & la plus durable sur les esprits des hommes, & en même tems la moins cruelle sur le corps du criminel.

Qui ne frissonne d'horreur en voyant dans

l'Hiſtoire, tant de tourmens barbares & inutiles, inventés & employés froidement par des hommes qui ſe donnoient le nom de Sages? Qui ne ſent frémir au-dedans de lui la partie la plus ſenſible de lui-même, au ſpectacle de ces milliers de malheureux, tantôt forcés par le déſeſpoir de ſe rejetter dans l'état de Nature, pour ſe dérober à des maux cauſés ou tolérés par ces loix qui ont toujours outragé le plus grand nombre, & favoriſé le plus petit ; tantôt accuſés de crimes impoſſibles ou fabriqués par l'ignorance & la ſuperſtition ; ou enfin coupables ſeulement d'avoir été fideles à leurs propres principes : qui peut, dis-je, les voir déchirés avec appareil & avec lenteur par des hommes doués des mêmes ſens & des mêmes paſſions, & une multitude fanatique repaiſſant ſes yeux de cet horrible ſpectacle ?

L'atrocité même de la peine fait qu'on oſe davantage pour s'y ſouſtraire, & qu'on commet pluſieurs crimes pour éviter la punition dûe à un ſeul. Les pays & les tems où les ſupplices les plus cruels ont été mis en uſage, ſont ceux où l'on a vû les crimes les plus atroces. Le même eſprit de férocité qui conduiſoit la main du Légiſlateur, guidoit celle de l'aſſaſſin & du parricide. Sur le Trône, il dictoit des loix de ſang à des ames féroces & aſſervies qui obéiſſoient, tandis qu'il animoit le citoyen obſcur à immoler ſes tyrans, pour en créer de nouveaux.

A mesure que les supplices deviennent plus cruels, les ames se mettant, pour ainsi dire, au niveau de la férocité des loix, s'endurcissent, & la force toujours vive des passions fait qu'au bout de cent ans, la roue n'effraye pas plus qu'auparavant la prison.

Pour qu'une peine produise son effet, il suffit que le mal qu'elle cause, surpasse le bien qui revient du crime, en faisant même entrer dans le calcul de l'excès du mal sur le bien, la certitude de la punition & la perte des avantages que le crime produiroit. Toute sévérité qui passe ces limites est inutile, & par conséquent tyrannique.

Les hommes réglent leur conduite d'après l'action répétée des maux qu'ils connoissent, & non d'après celle des maux qu'ils ignorent. Qu'on suppose deux nations chez lesquelles, dans la progression des peines proportionnées à celle des crimes, la peine la plus grande soit dans l'une l'esclavage perpétuel, & dans l'autre la roue. Je dis que dans l'une & dans l'autre ces deux peines inspireront une égale terreur ; & s'il y avoit une raison de transporter dans la premiére de ces nations le supplice plus rigoureux établi dans la seconde, la même raison conduiroit aussi à accroître dans celle-ci la cruauté du supplice, en passant de la roue à des tourmens plus lents & plus recherchés, & aux derniers raffinemens de la science des tyrans.

Deux autres conséquences funestes suivent encore de la cruauté des peines contre la fin même de leur établissement, qui est de prévenir le crime. La première est qu'il n'est pas aussi facile d'établir la proportion qui est nécessaire entre le crime & la peine. Quoiqu'une cruauté industrieuse ait multiplié les espèces de tourmens, aucune peine ne peut passer le dernier degré de la force humaine, limité par la sensibilité & l'organisation. Au-delà de ce point extrême, on ne trouveroit plus de peine assez cruelle pour des crimes plus atroces. L'autre conséquence est que l'impunité naît de la cruauté même du supplice. L'énergie de la nature humaine est bornée dans le mal, comme dans le bien. Un usage barbare ne peut jamais être autorisé que par une cruauté passagère, & ne peut se soutenir par un système constant tel que doit être la Législation. Si les loix sont cruelles, ou elles sont changées, ou l'impunité naît de l'atrocité même de la loi.

Je finis par une réflexion. La grandeur des peines doit être relative à l'état actuel & aux circonstances données, où se trouve une nation. Il faut des impressions plus fortes & plus sensibles sur les esprits d'un peuple à peine sorti de la barbarie. Il faut un coup de tonnerre pour abbattre un lion féroce que le coup de fufil ne fait qu'irriter: mais à mefure que les ames s'amol- liffent dans l'état de fociété, la fenfibilité de cha- que individu augmente, & fon accroiffement de- mande qu'on diminue la rigueur des peines, fi l'on veut conferver les mêmes rapports entre l'ob- jet & la fenfation.

§. XVI.

De la peine de mort.

CETTE profufion inutile de fupplices, qui n'a jamais rendu les hommes meilleurs, m'a pouffé à examiner fi la peine de mort eft véritablement uti- le & jufte dans un Gouvernement bien organifé. Quel peut être ce *droit* que les hommes fe don- nent, d'égorger leur femblable? Ce n'eft certai- nement pas celui fur lequel font fondées la Sou- veraineté & les Loix. Les Loix ne font que la fomme des portions de liberté de chaque parti- culier, les plus petites que chacun ait pu céder. Elles repréfentent la volonté générale qui eft l'af- femblage de toutes les volontés particuliéres. Or qui jamais a voulu donner aux autres hommes le *droit* de lui ôter la vie? Comment dans les plus petits facrifices de la liberté de chacun, peut fe trouver compris celui de la vie, le plus grand de tous les biens? Et fi cela étoit, comment concilier ce principe avec cette autre maxime, que l'homme n'a pas le droit de se tuer lui-même, puisqu'il a dû l'avoir, s'il a pu le donner à d'autres ou à la société ?

La peine de mort n'est donc autorisée par aucun *droit*. Elle ne peut être qu'une guerre de la nation contre un citoyen dont on regarde la destruction comme utile & nécessaire à la conservation de la Société. Si donc je démontre que, dans l'état ordinaire de la Société, la mort d'un citoyen n'est ni utile ni nécessaire, j'aurai gagné la cause de l'Humanité.

Je dis dans l'état ordinaire ; car la mort d'un citoyen peut être nécessaire en un cas ; & c'est lorsque, privé de sa liberté, il a encore des relations & une puissance qui peuvent troubler la tranquillité de la nation ; quand son existence peut produire une révolution dans la forme du Gouvernement établi. Ce cas ne peut avoir lieu que lorsqu'une nation perd ou recouvre sa liberté, ou dans les tems d'Anarchie, lorsque les désordres mêmes tiennent lieu de loix. Mais pendant le regne tranquille de la Législation, & sous une forme de gouvernement approuvée par les vœux réunis de la nation ; dans un Etat défendu contre les ennemis du dehors, & soutenu au-dedans par la force, & par l'opinion, plus efficace que la force même ; où l'autorité est touté entière entre les mains du Souverain ; où les richesses ne peuvent acheter que des plaisirs & non du pouvoir ; il ne peut y avoir aucune nécessité d'ôter la vie à un citoyen.

Quand l'expérience de tous les siécles ne prouveroit pas que la peine de mort n'a jamais empêché les hommes déterminés de nuire à la Société ; quand l'exemple des Romains ; quand vingt années de regne de l'Impératrice de Ruffie, Elizabeth, donnant aux Péres des peuples un exemple plus beau que celui des plus brillantes conquêtes ; quand tout cela, dis-je, ne perfuaderoit pas les hommes à qui le langage de la raifon eft toujours fufpect, & qui fe laiffent plutôt entraîner à l'autorité ; il fuffiroit de confulter la nature de l'homme, pour fentir cette vérité.

Ce n'eft pas l'intenfité de la peine qui fait le plus grand effet fur l'efprit humain, mais fa durée : parce que notre fenfibilité eft plus facilement & plus durablement affectée par des impreffions foibles, mais répétées, que par un mouvement violent, mais paffager. L'empire de l'habitude eft univerfel fur tout être fenfible ; & comme c'eft elle qui enfeigne à l'homme à parler, à marcher, à fatisfaire fes divers befoins, ainfi les idées morales fe gravent dans l'efprit humain par des impreffions répétées. La mort d'un fcélérat fera par cette raifon un frein moins puiffant du crime, que le long & durable exemple d'un homme privé de fa liberté, & devenu un animal de fervice, pour réparer par les travaux de toute fa vie, le dommage qu'il a fait à la Société.

Ce retour fréquent du fpectateur fur lui-même, *fi je commettois un crime je ferois réduit toute ma vie à cette malheureufe condition*, fait une bien plus forte impreffion que l'idée de la mort que les hommes voient toujours dans un lointain obfcur.

La terreur que caufe l'idée de la mort, a beau être forte, elle ne réfifte pas à l'oubli fi naturel à l'homme, même dans les chofes les plus effentielles, furtout lorfque cet oubli eft appuyé par les paffions. Règle générale. Les impreffions violentes furprennent & frappent, mais leur effet ne dure pas. Elles font capables de produire ces révolutions qui font tout-à-coup d'un homme vulgaire un Lacédémonien, ou un Romain ; mais dans un Gouvernement tranquille & libre elles doivent être plus fréquentes que fortes.

La peine de mort infligée à un criminel n'eft pour la plus grande partie des hommes qu'un fpectacle, ou un objet de compaffion ou d'indignation. Ces deux fentimens occupent l'ame des fpectateurs bien plus que la terreur falutaire que la loi prétend infpirer. Mais pour celui qui eft témoin d'une peine continuelle & modérée, le fentiment de la crainte eft le dominant, parce qu'il eft le feul. Dans le premier cas, il arrive au fpectateur du fupplice la même chofe qu'au fpectateur d'un Drame; & comme l'avare retourne à fon coffre, l'homme violent & injufte retourne à fes injuftices.

Afin qu'une peine foit jufte, elle ne doit avoir que le degré d'intenfité qui fuffit pour éloigner les hommes du crime. Or je dis qu'il n'y a point d'homme, qui avec un peu de réfléxion puiffe balancer entre le crime, quelque avantage qu'il s'en promette, & la perte entiére & perpétuelle de fa liberté. Donc l'intenfité de la peine d'un efclavage perpétuel a tout ce qu'il faut pour détourner du crime l'efprit le plus déterminé, auffi bien que la peine de mort. J'ajoute qu'elle produira cet effet encore plus fûrement. Beaucoup d'hommes envifagent la mort d'un œil ferme & tranquille, les uns par fanatifme, d'autres par cette vanité qui nous accompagne au-delà même du tombeau; d'autres par un dernier défefpoir qui les pouffe à fortir de la mifère, ou à ceffer de vivre. Mais le fanatifme & la vanité abandonnent le criminel dans les chaînes, fous les coups, dans une cage de fer; & le défefpoir ne termine pas fes maux, mais les commence. Notre ame réfifte plus à la violence & aux derniéres douleurs qui ne font que paffagéres, qu'au tems

&

& à la continuité de l'ennui; parce que dans le premier cas, elle peut, en se rassemblant, pour ainsi dire, toute en elle-même, repousser la douleur qui l'assaillit; & dans le second, tout son ressort ne suffit pas pour résister à des maux dont l'action est longue & continuée.

Dans une nation où la peine de mort est employée, tout exemple de punition suppose un nouveau crime commis. Au lieu que l'esclavage perpétuel d'un seul homme donne des exemples fréquens & durables. S'il est important que les hommes ayent souvent sous les yeux les effets du pouvoir des loix, il est nécessaire qu'il y ait souvent des criminels punis du dernier supplice. Ainsi la peine de mort suppose des crimes fréquens; c'est-à-dire que, pour être utiles, il faut qu'elle ne fasse pas toute l'impression qu'elle devroit faire.

On me dira qu'un esclavage perpétuel est une peine aussi douloureuse que la mort, & par conséquent aussi cruelle. Je réponds qu'en rassemblant en un point tous les momens malheureux de la vie d'un esclave, sa peine seroit peut-être encore plus terrible que le supplice le plus grand; mais ces momens sont répandus sur toute la vie, au lieu que la peine de mort exerce toute sa force dans un court espace de tems. C'est un avantage de la peine de l'esclavage pour la Société, qu'elle

effraye plus celui qui en eſt le témoin, que celuĩ
qui la ſouffre ; parce que le premier conſidére la
ſomme de tous les momens malheureux, & le
ſecond eſt diſtrait de l'idée de ſon malheur futur
par le ſentiment de ſon malheur préſent. Tous les
maux s'agrandiſſent dans l'imagination, & celui
qui ſouffre, trouve des reſſources & des conſola-
tions que les Spectateurs de ſes maux ne connoiſ-
ſent point, & ne peuvent croire, parce que ceux-
ci jugent d'après leur propre ſenſibilité, de ce qui
ſe paſſe dans un cœur devenu inſenſible par l'habitude du malheur.

Je ſais que c'eſt un art difficile & que l'éducation ſeule peut donner, que de développer les
ſentimens de ſon propre cœur. Mais, quoique les
ſcélérats ne puiſſent rendre compte de leurs principes, ces principes ne les conduiſent pas moins.
Or voici à-peu-près le raiſonnement que fait un
voleur ou un aſſaſſin qui n'eſt détourné du crime que par la crainte de la potence ou de la
roue. » Quelles ſont donc ces loix qu'on veut
» que je reſpecte, & qui mettent une ſi gran-
» de différence entre moi & un homme riche ?
» Il me refuſe un léger ſecours que je lui de-
» mande, & il me renvoie à un travail qu'il n'a
» jamais connu. Qui les a faites ces loix ? Les
» Riches & les Grands, qui n'ont jamais daigné
» entrer dans la chaumiére du pauvre, & qui

» ne lui ont jamais vu partager un morceau de
» pain moifi à fes enfans affamés & à leur mére
» éplorée. Rompons ces conventions funeftes au
» plus grand nombre des hommes, & utiles à
» quelques Tyrans. Attaquons l'injuftice dans
» fa fource. Je retournerai à mon état d'indépen-
» dance naturelle, je vivrai libre & heureux
» des fruits de mon induftrie & de mon courage.
» Il arrivera peut-être un tems de douleur &
» de repentir : mais ce tems fera court, & pour
» un jour de peine j'aurai plufieurs années de
» plaifir & de liberté. Roi d'un petit nombre
» d'hommes déterminés comme moi, je corri-
» gerai les méprifes de la fortune, & je verrai
» ces Tyrans pâlir à la vue de celui que leur
» fafte infultant mettoit au-deffous de leurs che-
» vaux & de leurs chiens ».

Alors la Religion fe préfentant à l'efprit du
fcélérat qui abufe de tout, & lui mettant devant
les yeux un repentir facile & une efpérance prefque affurée d'une félicité éternelle, achevera de
diminuer pour lui l'horreur de la derniére tra-
gédie.

Mais celui qui voit un grand nombre d'années,
ou même tout le cours de fa vie à paffer dans
la fervitude & dans la douleur, efclave de ces
mêmes loix dont il étoit protégé, & cela fous
les yeux de fes concitoyens, avec lefquels il vit

actuellement libre & en société, fait une com=
paraison utile de tous ces maux, de l'incertitude
du succès du crime, & de la brièveté du tems
pendant lequel il en goûteroit les fruits, avec
les avantages qu'il peut s'en promettre. L'exemple continuellement présent des malheureux qu'il
voit victimes de leur imprudence, le frappe plus
que celui du supplice qui l'endurcit, au lieu de
le corriger.

La peine de mort est encore un mal pour la
Société, par l'exemple d'atrocité qu'elle donne.
Si les passions ou la nécessité de la guerre ont
enseigné aux hommes à répandre le sang humain,
au moins les loix dont le but est d'inspirer la douceur & l'humanité, ne doivent pas multiplier les
exemples de cette barbarie, exemples d'autant
plus horribles, que la mort légale est donnée avec
plus d'appareil & de formalité.

Il me paroît absurde que les loix qui ne font
que l'expression de la volonté publique, laquelle
détefte & punit l'homicide, en commettent un
elles-mêmes, & que, pour détourner les citoyens
du meurtre, elles ordonnent un meurtre public.
Quelles font les loix vraies & utiles ? Celles que
tous proposeroient & voudroient observer dans
ces momens auxquels se tait l'intérêt dont la voix
est toujours écoutée, ou lorsque cet intérêt particulier se combine avec l'intérêt général : or quels

font les fentimens naturels des hommes fur la peine de mort ? Nous pouvons les découvrir dans l'indignation & le mépris avec lefquels on regarde le bourreau, qui n'eft pourtant qu'un exécuteur innocent de la volonté publique; un bon citoyen qui contribue au bien général, un défenfeur néceffaire de la fûreté de l'Etat au-dedans, comme de valeureux foldats contre les ennemis du dehors. Quelle eft donc l'origine de cette contradiction, & pourquoi ce fentiment d'horreur eft-il ineffaçable dans l'homme, malgré tous les efforts de fa raifon ? C'eft que dans une partie reculée de notre ame, où les formes originelles de la Nature fe font mieux confervées, nous retrouvons un fentiment qui nous a toujours-dicté que notre vie n'eft au pouvoir légitime de perfonne, que de la néceffité qui régit l'Univers.

Que doivent penfer les hommes en voyant de fages Magiftrats & des Miniftres facrés de la Juftice faire traîner un coupable à la mort en cérémonie, avec indifférence & tranquillité; & tandis que, dans l'attente du coup fatal, le malheureux eft en proie aux convulfions & aux derniéres angoiffes, le Juge qui vient de le condamner, quitter fon Tribunal pour goûter les plaifirs & les douceurs de la vie, & peut-être s'applaudir en fecret de fon autorité ?

Ah! diront-ils, ces loix, ces formes cruelles

& réfléchies ne font que le manteau de la tyrannie ; elles ne font qu'un langage de conven-
tion, un glaive propre à nous immoler avec plus
de fécurité, comme des victimes dévouées en facrifice à l'idole infatiable du defpotifme. L'affaffinat qu'on nous repréfente comme un crime horrible, nous le voyons pratiquer froidement & fans
remords. Autorifons-nous de cet exemple, la
mort violente nous paroiſſoit une fcene terrible
dans les defcriptions qu'on nous en faifoit ; mais
nous voyons que c'eſt une affaire d'un moment.
Ce fera moins encore dans celui qui, en allant
au-devant d'elle, s'épargnera prefque tout ce qu'elle a de douloureux.

Tels font les funeftes paralogifmes que font,
au moins confufément, les hommes difpofés au
crime, fur lefquels l'abus de la Religion peut
plus que la Religion même.

Si l'on m'oppofe que prefque tous les fiécles
& toutes les nations ont décerné la peine de mort
contre certains crimes, je réponds que cet exemple n'a aucune force contre la vérité à laquelle
on ne peut oppofer de prefcription. L'hiftoire
des hommes eft une mer immenfe d'erreurs, où
l'on voit furnager çà & là, & à de grandes dif-
tances entre elles, un petit nombre de vérités mal
connues.

Prefque toutes les nations ont eu des facrifices

humains. Je puis me prévaloir avec bien plus
de raifon de l'éxemple de quelques fociétés qui
fe font abftenues d'employer la peine de mort,
quoique pendant un court efpace de tems; car
c'eft la nature & le fort des grandes vérités, que
leur durée n'eft qu'un éclair en comparaifon de la
longue & ténébreufe nuit qui enveloppe le genre
humain. Ces tems fortunés ne font pas arrivés encore, où la vérité fera, comme l'a été jufqu'à
préfent l'erreur, le partage du plus grand nombre.

Je fens que la voix d'un Philofophe eft trop
foible pour s'élever au-deffus du tumulte & des
cris de tant d'hommes affervis aux préjugés d'u-
ne coutume aveugle. Mais le petit nombre de
Sages répandus fur la terre m'entendront & me
répondront du fond de leur cœur. Et fi cette vérité, que tant d'obftacles éloignent des Princes,
malgré eux, peut parvenir jufqu'à leur trône,
qu'ils fachent qu'elle y arrive avec les vœux fecrets de tous les hommes. Que le Souverain
qui l'accueillera fache que fa gloire effacera celles des Conquérans, & que l'équitable poftérité
placera fes pacifiques trophées au-deffus de ceux
des Titus, des Antonins & des Trajans.

Heureufe l'humanité, fi elle recevoit pour la
première fois des loix, aujourd'hui que nous voyons
placés fur les Trônes de l'Europe des Monarques

bienfaifans, amis des vertus paifibles, des Sciences & des Arts, Péres de leurs Peuples, & Citoyens couronnés; Princes qui, en augmentant
leur autorité, travaillent au bonheur de leurs Sujets, parce qu'ils détruifent ce defpotifme intermédiaire, d'autant plus cruel qu'il eft moins af-
furé; qui intercepte les vœux fincères des Peuples, & leur voix, toujours écoutée, lorfqu'elle
arrive jufqu'au Trône. Le Code criminel de la
plus grande partie des nations avec tous les défauts dont il eft rempli, a en fa faveur, fon ancien-
neté, l'autorité d'un nombre infini de Commen-
tateurs, tout l'appareil des formes, & fur-tout
l'approbation des demi-Savans, gens infinuans &
fouples, dont la raifon femble fe défier moins.
Si des Princes fages & humains laiffent fubfifter
des loix fi défectueufes, c'eft fans doute qu'ils
font arrêtés par les obftacles fans nombre qu'on
éprouve à renverfer des erreurs refpectées pendant tant de fiécles, & c'eft un motif pour tout
citoyen éclairé de defirer avec ardeur l'accroiffement de leur pouvoir.

§. XVII.

Du Banniffement & de la Confifcation des Biens.

CELUI qui trouble la tranquillité publique,
qui n'obéit pas aux loix, qui viole les conditions

fous lefquelles hommes fe fupportent & fe défendent réciproquement , doit être exclus de la
Société , c'eft-à-dire , banni.

Il femble que la peine du banniffement devroit
être prononcée contre ceux qui , accufés d'un
crime atroce , font foupçonnés avec une grande
vraifemblance , mais non pas tout-à-fait convain-
cus de l'avoir commis. Il faudroit une loi , la
moins arbitraire & la plus précife qui fut poffible,
qui décernât le banniffement contre celui qui a
mis la nation dans la fatale alternative , ou de le
craindre , ou de lui faire une injuftice , en laiffant
cependant au banni le droit facré de pouvoir
toujours prouver fon innocence. Il faudroit des
raifons plus fortes pour bannir un citoyen qu'un
étranger, & pour un homme accufé la premiére
fois , que pour celui qui auroit déja été appellé
en Juftice.

Mais le banniffement doit-il emporter la confifcation des biens du banni ? Cette queftion peut
être envifagée fous différens afpects. La confifcation jointe au banniffement, eft une peine plus
grande que celle du fimple banniffement. Il doit
donc y avoir des cas où pour proportionner la peine
au crime , il faudra prononcer l'une & l'autre ,
ou confifquer tous les biens , ou n'en confifquer
qu'une partie. Le coupable doit perdre tous
fes biens , fi la loi qui prononce fon banniffe-

ment a déclaré rompus tous les liens par lefquels il tenoit au corps politique. Alors le citoyen eft mort ; il ne refte que l'homme ; & par rapport au corps politique, la mort du citoyen doit avoir les mêmes fuites que la mort naturelle. Il fembleroit fuivre de-là qu'en ce cas les biens du coupable devroient revenir à fes légitimes héritiers plutôt qu'au Prince. Mais ce n'eft pas fur cette fubtilité que je me fonderai pour défapprouver les confifcations. Quelques perfonnes ont foutenu qu'elles étoient un frein aux vengeances & aux violences des particuliers entr'eux. Mais il ne fuffit pas qu'une peine produife quelque bien pour être regardée comme jufte : pour être telle, il faut qu'elle foit néceffaire. Un Légiflateur n'autorifera point une injuftice utile, s'il veut fermer l'entrée à la tyrannie qui veille fans ceffe ; qui, fous le prétexte d'un bien momentané, établit des principes durables de deftruction, & qui fait vivre le peuple dans les larmes pour faire le bonheur d'un petit nombre de grands. Par l'ufage des confifcations, la tête du foible eft continuellement mife à prix ; elles font fouffrir à l'innocent la peine du coupable, le pouffent au crime, en le réduifant à l'indigence & au défefpoir. Quel plus trifte fpectacle qu'une famille accablée d'infamie & de mifère par le crime de fon chef, crime que la foumiffion ordonnée par les loix même, l'auroit empêché de prévenir, quand elle auroit eu pour cela des moyens suffisans!

§. XVIII.

De la Peine d'Infamie.

LA peine d'infamie est une marque de la désapprobation publique, qui prive un citoyen de la considération, de la confiance que la Société avoit pour lui, & qui lui fait perdre cette fraternité qui est entre les Membres d'un même Etat.

Il ne dépend pas toujours des loix d'infliger l'infamie dans l'état actuel des Sociétés. Il faut que l'infamie prononcée par la loi soit la même que celle qui résulte de la Morale universelle, ou au moins de la Morale particulière & des systêmes particuliers de Législation adoptés par une nation, & qui y réglent les opinions du vulgaire. Si l'infamie que la loi s'efforce d'infliger est différente de celle que la Société attache à certaines actions, ou la loi ne sera plus respectée, ou les idées reçues de morale & de probité s'effaceront des esprits, malgré toutes les déclamations des Moralistes, qui sont toujours foibles contre la force de l'exemple. En déclarant infames des actions indifférentes, on fera que les actions qu'il est de l'intérêt de la Société de regarder comme infames, cesseront bientôt d'être tenues pour telles.

Il faut bien se garder de punir de peines corporelles & douloureuses le fanatisme, espéce de
de délit qui, fondé sur l'orgueil tireroit de la
douleur même sa gloire & son aliment. L'infamie & le ridicule sont les seules peines qu'il faut
employer contre les Fanatiques, parce qu'elles
répriment leur orgueil par l'orgueil des spectateurs. On peut juger combien ces peines seront
efficaces, si l'on considére que la vérité même
a besoin des plus grands efforts pour se défendre,
lorsque l'erreur peut employer l'arme du ridicule contr'elle. En opposant ainsi des forces à
des forces de même genre, l'opinion à l'opinion,
un Législateur éclairé dissipe l'admiration que le
peuple conçoit pour de fausses doctrines, dont
l'absurdité originaire est violée par quelques vérités auxquelles on les associe.

La peine d'infamie ne doit point être trop fré-
quente, parce que l'emploi trop répété du pouvoir de l'opinion affoiblit la force de l'opinion
même. L'infamie ne doit pas non plus tomber
sur un grand nombre de personnes à la fois, parce que l'infamie d'un grand nombre n'est bientôt plus l'infamie de personne.

Voilà les moyens de ne pas confondre les rapports invariables des choses, & de ne pas se mettre en opposition avec la Nature, qui agissant
sans cesse, & n'étant point bornée dans son ac-

tion par les limites du tems, renverſe & détruit
tous les petits Réglemens qui s'écartent des loix
qu'elle préſcrit. Ce n'eſt pas ſeulement dans les
beaux Arts que l'imitation de la nature eſt un
principe fondamental ; la politique elle-même,
au moins celle qui eſt vraie & durable, eſt ſujet-
te à la même loi, parce qu'elle n'eſt autre choſe que l'art de diriger à un même but les ſentimens naturels & immuables de l'homme.

§. XIX.

Que la Punition doit être prompte, analo- gue au Crime, & publique.

PLUS la peine ſera prompte & voiſine du délit, plus elle ſera juſte & utile. Elle ſera plus juſte,
parce qu'elle épargnera au criminel le tourment
cruel & ſuperflu de l'incertitude de ſon ſort,
qui croît en raiſon de la force de ſon imagination & du ſentiment de ſa foibleſſe ; & parce
que la perte de la liberté étant une peine, elle
ne peut être infligée avant la condamnation qu'autant que la néceſſité l'exige. La priſon n'étant que
le moyen de s'aſſurer de la perſonne d'un citoyen
accuſé juſqu'à ce qu'il ſoit connu pour coupable,
doit donc durer le moins, & être la plus douce
qu'il eſt poſſible. La durée de la priſon doit être
déterminée par le tems néceſſaire à l'inſtruction

du procès, & par le droit des plus anciens prisonniers à être jugés les premiers. La rigueur de la prison ne peut être que celle qui est néceſſaire pour empêcher la fuite de l'accuſé, ou pour découvrir les preuves du délit. Le procès même doit être fini dans le moindre tems poſſible. Quel plus cruel contraſte que l'indolence d'un Juge & les angoiſſes d'un accuſé, les plaiſirs & les commodités dont jouit un Magiſtrat inſenſible, d'une part, & l'état horrible d'un priſonnier! En général, le poids de la peine & les effets fâcheux d'un crime doivent être les plus efficaces qu'il eſt poſſible pour les autres, & les moins durs pour celui qui ſouffre; parce que les hommes, en ſe réuniſſant, n'ont voulu s'aſſujettir qu'aux plus petits maux poſſibles, & qu'il n'y a point de ſociété légitime là où ce principe n'eſt pas regardé comme inconteſtable.

J'ai dit que la promptitude de la peine eſt utile, parce que moins il s'écoulera de tems entre la peine & le délit, plus l'aſſociation de ces deux idées *délit* & *peine* ſera forte & durable dans l'eſprit de l'homme; de ſorte qu'inſenſiblement on conſidérera le crime comme *cauſe*, & la peine comme ſon *effet* néceſſaire. Il eſt démontré que la liaiſon des idées eſt le ciment qui unit toutes les parties de l'édifice de l'entendement humain: union ſans laquelle le plaiſir & la douleur ſeroient des fentimens ifolés & fans effet. Tous les hommes qui manquent d'idées générales & de principes univerfels, c'eft-à-dire, qui font peuple, agiffent en conféquence des affociations d'idées les plus voifines & les plus immédiates, & négligent les plus compliquées & les plus éloignées; celles-ci ne fe préfentent qu'à l'homme paffionné pour un objet, ou à l'efprit éclairé qui a acquis l'habitude de parcourir & de comparer rapidement un certain nombre d'idées & de fentimens, pour en former le réfultat le plus utile & le moins dangereux, c'eft-à-dire pour agir.

Il eft donc de la plus grande importance de rendre la peine voifine du crime, fi l'on veut que dans l'efprit groffier du vulgaire, la peinture féduifante d'un crime avantageux réveille fur le champ l'idée de la peine qui le fuit. Le retardement de la punition rendra l'union de ces deux idées moins étroite. Quelque impreffion que faffe la punition fur les efprits, elle en fait plus alors comme fpectacle, que comme châtiment; parce qu'elle ne fe préfente aux fpectateurs que lorfque l'horreur du crime qui contribue à fortifier le fentiment de la peine, eft déja affoiblie dans les efprits.

Un autre moyen fervira efficacement à refferrer de plus en plus la liaifon qu'il importe tant d'établir entre l'idée du crime & celle de la peine;

ce moyen eſt que la peine ſoit, autant qu'il ſe
peut, analogue & rélative à la nature du délit,
c'eſt-à-dire, qu'il faut que la peine conduiſe l'eſprit à un but contraire à celui vers lequel il étoit
porté par l'idée ſéduiſante des avantages qu'il ſe
promettoit : ce qui facilitera merveilleuſement le
contraſte de la ré-action de la peine avec l'im-
pulſion au crime.

Chez pluſieurs nations on punit les crimes moins
conſidérables, ou par la priſon, ou par l'eſclavage dans un pays éloigné ; c'eſt-à-dire, dans ce
dernier cas, qu'on envoye des criminels porter un
exemple inutile à des ſociétés qu'ils n'ont pas of-
fenſées, & que, dans l'un & dans l'autre, l'e-
xemple eſt perdu pour la nation chez laquelle le
crime a été commis. Ces deux uſages ſont mauvais, parce que la peine des grands crimes ſert
peu pour en détourner les hommes qui ne ſe déterminent ordinairement à les commettre, qu'em-
portés par la paſſion du moment. Le plus grand
nombre la regarde comme étrangère & comme
impoſſible à encourir. Il faut donc faire ſervir
à l'inſtruction la punition publique des légers délits, qui, plus voiſine d'eux, fera ſur leur ame
une impreſſion ſalutaire, & les éloignera très-
fortement des grands crimes, en les détournant
de ceux qui le ſont moins.

§. XX.

§. X X.

Que la Punition doit être certaine & iné-
vitable. Des Graces.

Le meilleur frain du crime n'eſt pas la ſévérité de la peine , mais la certitude d'être puni.
De-là , dans le Magiſtrat , la néceſſité de la vi-
gilance & de cette inexorable ſévérité, qui , pour
être une vertu utile , doit être accompagnée d'u-
ne légiſlation humaine & douce. La certitude d'un
châtiment modéré fera toujours une plus forte
impreſſion que la crainte d'une peine plus ſévère ,
jointe à l'eſpérance de l'éviter. Les maux, quelque légers qu'ils ſoient , lorſqu'ils ſont certains ,
effrayent les hommes , au lieu que l'eſpérance qui
leur tient ſouvent lieu de tout , éloigne de l'eſprit
du ſcélérat l'idée des maux les plus grands, pour
peu qu'elle ſoit fortifiée par les exemples d'impunité , que l'avarice ou la foibleſſe accordent
ſouvent.

Quelquefois on s'abſtient de punir un léger
délit , lorſque l'offenſé le pardonne ; acte de bienfaiſance , mais contraire au bien public. Un particulier peut bien ne pas exiger la réparation du
dommage qu'on lui a fait , mais le pardon qu'il
accorde ne peut détruire la néceſſité de l'exemple. Le droit de punir n'appartient à aucun ci-

F

toyen en particulier , mais à tous & au Souverain. L'offenſé peut renoncer à ſa portion de ce
droit ; mais non pas ôter aux autres la leur.

A meſure que les peines deviennent plus douces,
la clémence & le pardon ſont moins néceſſaires:
heureuſe la nation où on ne leur donneroit pas
le nom de vertus. La clémence qui a quelquefois été pour les Souverains un ſupplément aux
qualités qui leur manquoient pour remplir les devoirs du Trône , devroit être bannie d'une bonne
Légiſlation , où les peines ſeroient douces , & la
Juriſprudence criminelle moins imparfaite. Cette
vérité ſemblera bien dure à ceux qui vivent ſous
le déſordre de la légiſlation actuelle , dans lequel
le pardon & les graces ſont néceſſaires en raiſon
même de l'atrocité des peines , & de l'abſurdité
des loix. Le droit de faire grace eſt une des plus
belles prérogatives du Trône. Mais ce droit ac-
cordé aux diſpenſateurs bienfaiſans de la félicité
publique , eſt une déſapprobation tacite des loix
elles - mêmes. La clémence eſt la vertu du Légiſlateur , & non de l'Exécuteur des loix ; elle
doit éclater dans le Code , & non dans les jugemens particuliers. Faire voir aux hommes que le
crime ſe pardonne , & que la peine n'en eſt pas
toujours la ſuite néceſſaire , c'eſt nourrir en eux
l'eſpérance de l'impunité , & leur faire croire que
les peines que ſubiſſent ceux à qui on ne pardonne

point, font plutôt des actes de violence & de force que des actes de justice. Le Souverain, en faisant grace, livre la fureté publique au pouvoir d'un particulier, & dans un acte privé, dicté par une bonté aveugle, prononce un décret général d'impunité. Que les Exécuteurs des loix foient donc inéxorables: mais que le Légiflateur foit indulgent & humain. Architecte habile, qu'il élève l'édifice de la félicité publique fur la bafe de l'amour que tout homme a pour fon bien-être, & qu'il fache faire réfulter le bien général du concours des intérêts particuliers de chacun. Il ne fera pas forcé à féparer enfuite par des loix particuliéres, & par des moyens peu réfléchis, le bien de la fociété du bien des particuliers, & à établir fur la crainte & la défiance le fimulacre du bonheur public. Philofophe profond & fenfible, il laiffera les hommes fes frères jouir en paix de cette petite portion de bonheur, que le fyftême immenfe, établi par la caufe premiére, leur permet de gouter fur cette terre qui n'eft qu'un point dans l'univers.

§. XXI.

Des Afyles.

On demande fi les afyles font juftes, & fi les conventions entre les nations, de fe rendre réciproquement les coupables, font utiles ou non. Dans toute l'étendue d'un Etat politique, il ne doit y avoir aucun lieu indépendant des loix. Leur force doit fuivre tout citoyen comme l'ombre fuit le corps. L'afyle & l'impunité ne diffèrent que du plus au moins ; les afyles invitent plus au crime, que les peines n'en détournent. Multiplier les afyles dans un pays, c'eft y former autant de petites Souverainetés ; parce que là où les loix ne commandent point, il peut fe former de nouvelles puiffances ennemies des loix communes ; & il peut s'établir par conféquent un efprit oppofé à celui du Corps entier de la Société. On voit dans toutes les Hiftoires que les afyles ont été le berceau de grandes révolutions dans les Etats & dans les opinions.

Quelques perfonnes ont prétendu qu'en quelque lieu que fe commette un crime, c'eft-à dire une action contraire aux Loix de la Société, elle peut être punie par-tout ailleurs comme fi la qualité de Sujet étoit un caractère indélébile ; comme fi le nom de Sujet étoit fynonyme & pire que celui d'efclave ; comme fi un homme pouvoit habiter un pays & être foumis à une autre Domination, & que fes actions puffent être fubordonnées à deux Souverains & à deux Codes de Loix, fouvent contradictoires entre eux. On veut qu'un crime attroce fait, par exemple, à Conftantinople, puiffe être punis à Paris, par cette raifon abftraite, que celui qui bleffe l'Humanité, mérite d'avoir tous les hommes pour ennemis, & doit être l'objet de l'exécration univerfelle. Cependant les Juges ne font pas vengeurs de la fenfibilité humaine en général, mais des conventions qui lient les hommes entre eux. Le lieu de la peine ne peut être que celui où s'eft commis le crime, parce que c'eft-là feulement, & non ailleurs, que les hommes font forcés de faire du mal à un particulier pour prévenir le mal public. Un fcélérat qui n'a point rompu les conventions d'une Société, dont par l'hypothefe il n'étoit pas membre, peut bien être craint & chaffé de cette Société, mais non pas puni par les loix qui ne font faites que pour maintenir le pacte focial, & non pour punir la malice intrinfeque de l'action.

Mais eft-il utile que les nations fe rendent réciproquement les coupables? Je fais bien que la perfuafion de ne pouvoir trouver un lieu fur la terre, où les crimes puffent demeurer impunis, feroit un moyen efficace de les prévenir. Cependant je ne puis approuver l'ufage de rendre les criminels, jufqu'à ce que les loix devenues plus conformes aux befoins & aux droits de l'Humanité, les peines rendues plus douces, l'affoibliffement du pouvoir arbitraire & de celui de l'opinion, donnent une entiere sûreté à la vertu haïe, & à l'innocence opprimée; & jufqu'à ce que la tyrannie Afiatique demeurant confinée dans les plaines de l'Orient, l'Europe ne connoiffe plus que l'empire de la raifon univerfelle, qui unit toujours de plus en plus les intérêts des Peuples & des Souverains.

§. XXII.

De l'ufage de mettre la tête à prix

Est-il avantageux à la Société de mettre à prix la tête d'un coupable, & de faire de tous les citoyens autant de bourreaux, en armant leurs bras pour la vengeance publique? Ou le criminel eft forti de l'Etat, ou il y eft encore. Dans le premier cas, le Souverain excite les citoyens à commettre un crime, & les expofe aux peines portées par les loix du pays. Il infulte la nation étrangère, entreprend fur fon autorité, & lui donne l'exemple de faire chez fes voifins, de pareilles ufurpations. Si le criminel eft encore dans le pays dont il a violé les loix, le Gouvernement montre fa foibleffe. Celui qui a la force pour fe défendre, n'achete pas le fecours d'autrui. J'ajoute que c'eft-là renverfer toutes les idées de morale & de vertu, qui font déja fi chancelantes dans l'efprit de l'homme. D'un côté, les loix puniffent la trahifon, de l'autre elles l'autorifent.

D'une main le Législateur serre les liens du sang
& de l'amitié, & de l'autre il récompense celui
qui les brise. Toujours en contradiction avec lui-
même, tantôt il invite à la confiance les esprits
soupçonneux des hommes, tantôt il seme la défiance dans tous les cœurs. Pour prévenir un
crime, il en fait naitre cent. Ce sont-là les expé-
diens des nations foibles dont les loix ne sont que
des réparations peu durables d'un édifice en ruine,
& qui croule de toutes parts. Au contraire, à mesure que les lumières se répandent, la bonne foi
& la confiance réciproque deviennent plus nécessaires, & tendent toujours de plus en plus à se
confondre avec la véritable & bonne politique.
On pressent & on démêle plus facilement les arti-
fices & les voies obscures & indirectes, & l'intérêt de tous est mieux armé, & se défend mieux
contre l'intérêt particulier de chacun.

Des siécles même d'ignorance, où la morale
publique fortifieroit la morale privée & particuliére, pourroient fournir des instructions & servir
d'exemple à des siécles éclairés. La réunion de
la morale & de la politique, est le fondement
nécessaire du bonheur des nations : mais des loix
qui récompensent la trahison, qui excitent une
guerre clandestine & des soupçons réciproques
entre des citoyens, s'opposent à cette réunion qui
rendroit aux hommes la félicité & la paix, ou au

moins des intervalles de tranquillité & de foula-
gement à leurs maux, plus longs que ceux dont
ils ont jufqu'à préfent joui.

§. XXIII.

De la proportion entre les peines & les crimes.

L'INTÉRÊT commun des hommes eft non-
feulement qu'il fe commette peu de crimes, mais
que chaque efpece de crime foit plus rare à proportion du mal qu'elle fait à la Société. Les motifs
que la Légiflation établit pour en détourner les
hommes, doivent donc être plus forts pour chaque efpece de délit, à proportion qu'il eft plus
contraire au bien public, & en raifon de la
force des motifs qui peuvent porter à le commettre. Il doit donc y avoir une proportion
entre les crimes & les peines.

Le plaifir & la douleur font les principes de
toute action dans les êtres fenfibles. Parmi les
motifs qui déterminent les hommes dans l'ordre
même de la Religion, le fuprême Légiflateur a
placé les peines & les récompenfes. Si deux crimes nuifant inégalement à la Société, reçoivent
une punition égale, les hommes ne trouvant pas
un obftacle plus grand à commettre l'action la plus
criminelle, s'y détermineront auffi facilement qu'à

un crime moindre, & la diſtribution inégale des peines produira cette étrange contradiction peu remarquée, quoique très-fréquente, que les Loix auront-à punir les crimes qu'elles auront fait naitre.

Si on établit la même peine pour celui qui tue un cerf ou un faiſan, que pour celui qui tue un homme, ou qui falſifie un écrit important, on ne fera bientôt plus aucune différence entre ces deux délits. C'eſt ainſi qu'on détruit dans le cœur de l'homme les ſentimens moraux, ouvrage de beaucoup de ſiécles, cimenté par beaucoup de ſang, établi ſi lentement & ſi difficilement, & qu'on n'a pas cru pouvoir élever ſans le ſecours des plus ſublimes motifs, & l'appareil des plus graves formalités.

Il eſt impoſſible d'empêcher entiérement les déſordres que peuvent cauſer dans la Société les paſſions humaines. Ces déſordres augmentent en raiſon de la population, & du choc & du croiſſement continuel des intérêts particuliers. L'Hiſtoire nous les fait voir croiſſant dans chaque Etat avec l'étendue de ſa domination. On ne peut pas diriger géometriquement à l'utilité publique cette multitude infinie d'intérêts particuliers combinés en mille maniéres. A l'exactitude mathématique, on eſt forcé de ſubſtituer, dans l'arithmétique politique, le calcul des probabilités & de ſimples approximations. Cette force qui nous porte fans ceffe vers notre propre bien - être, femblable à la pefanteur, ne s'arrête que par les obftacles qu'on lui oppofe : les effets de cette pefanteur morale font toute la férie des actions humaines. Les peines font les obftacles politiques que la légiflation oppofe à la tendance des actions de chaque homme : elles fervent à amortir le choc réciproque des intérêts particuliers, & à empêcher les funeftes effets, fans détruire dans l'homme la caufe du mouvement qui eft la fenfibilité. Le Légiflateur eft un Architecte habile, qui fait vaincre la force deftructive de la pefanteur, & employer toutes celles qui peuvent fervir au maintien de fon édifice.

En fuppofant la réunion des hommes en fociété, en fuppofant des conventions entre eux, réfultantes de l'oppofition des intérêts particuliers, on peut imaginer une progreffion de crimes dont le plus grand fera celui qui tend à la diffolution & à la deftruction immédiate de la Société ; & le plus léger, la plus petite offenfe que peut recevoir un particulier. Entre ces deux extrêmes feront comprifes toutes les actions oppofées au bien public, qui font appellées criminelles, felon une progreffion infenfible du premier terme au dernier.

Si les calculs mathématiques étoient applicables aux combinaifons infinies & obfcures des actions humaines, on devroit chercher & déterminer une

progreffion des peines correfpondante à la progreffion des crimes, depuis la plus grave jufqu'à la plus légère. Si l'on pouvoit former &
exprimer exactement ces deux progreffions, elles
feroient la mefure commune des degrés de liberté
& de tyrannie, d'humanité ou de méchanceté de
chaque Nation. Mais il fuffit à un Légiflateur
éclairé, en confervant l'ordre des termes de ces
deux progreffions, de marquer, dans chacune,
des divifions principales, & de ne point affigner
aux crimes du premier ordre, la derniére claffe
de peines.

§. XXIV.

De la mefure de la grandeur des délits.

La vraie mefure de la gravité du crime eft
le dommage qu'il apporte à la Société. C'eft là
une de ces vérités qui, quoiqu'évidentes pour l'efprit le plus médiocre & le moins attentif, par
une étrange combinaifon de circonftances, ne
font connues avec certitude que d'un petit nombre de penfeurs, dans chaque fiécle & dans chaque Nation. Les opinions répandues par le defpotifme, & les paffions armées du pouvoir, foit
par leur action violente fur la timide crédulité,
foit par des impreffions infenfibles, ont étouffé
les notions fimples auxquelles les premiers hommes furent conduits par la philofophie naiffante

des Sociétés. Heureusement la lumiére de notre
siécle nous ramene à ces principes, nous les montre avec plus de certitude d'après un examen rigoureux & des preuves appuyées sur mille expé-
riences, & nous y attache avec plus de fermeté
par l'oppofition même qu'ils éprouvent à être
reçus.

Quelques Moraliftes ont cru que la gravité
plus ou moins grande d'un crime dépend de l'intention de celui qui le commet ; mais cette intention elle-même dépend de l'intenfité de l'impreffion actuelle des objets & des difpofitions précédentes de l'ame : deux chofes différentes dans
tous les hommes, & qui varient dans le même
individu avec la fucceffion rapide des idées,
des paffions & des circonftances. Il faudroit donc
avoir non-feulement un code particulier pour chaque citoyen, mais une nouvelle Loi pénale pour
chaque crime. Souvent avec la meilleure intention on fait un grand mal à la Société ; & quelquefois avec la plus forte volonté de lui nuire,
on lui rend des fervices effentiels.

D'autres mefurent la gravité du crime, plus
par la dignité de la perfonne offenfée que par
les fuites de l'action pour la Société. Si cette opinion étoit vraie, la plus légére irrévérence pour
l'Etre des Etres, devroit être punie avec plus
d'atrocité que l'affaffinat d'un Monarque, puif-

que, la fupériorité de la nature divine compen-
feroit infiniment la nature de l'offence.

Enfin d'autres Auteurs ont prétendu que la gravité de l'offenfe de Dieu, la grandeur du péché devoient entrer dans la mefure de l'intenfité du crime. La fauffeté de cette opinion fe mon-
trera tout de fuite à celui qui examinera les véritables rapports qui font entre les hommes &
les hommes, d'une part ; & de l'autre, entre
les hommes & Dieu.

Les rapports des hommes entr'eux font des
rapports d'égalité. La feule neceffité a fait naitre
du choc des paffions & de l'oppofition des intérêts particuliers, l'idée de l'utilité publique,
qui eft la bafe de la Juftice humaine. Les hommes n'ont avec Dieu que des rapports de dépendance d'un Etre parfait & créateur qui s'eft réfervé
à lui feul le droit d'être Légiflateur & Juge en mê-
me-tems, parce que lui feul fans inconvénient,
peut être à la fois l'un & l'autre. S'il a établi des
peines éternelles contre ceux qui réfiftent à fes volontés, quel fera l'infecte affez hardi pour venir au
fecours de la Juftice divine, & pour entreprendre d'aider dans fes vengeances l'Etre infini qui
fe fuffit à lui même, qui ne peut recevoir des
objets aucune impreffion de plaifir ou de douleur,
& qui feul dans la nature agit fans éprouver de
réaction. La grandeur du péché dépend de la ma-

tée cachée du cœur que les hommes ne peuvent connoitre, à moins que Dieu ne la leur révéle. Comment pourroit-elle donc nous servir de régle à déterminer la punition ? Souvent l'homme puniroit quand Dieu pardonne, & pardonneroit quand Dieu punit, & seroit dans l'un & l'autre cas en contradiction avec l'Etre Suprême.

§. XXV.

Division des Crimes.

Il y a des crimes qui tendent immédiatement & directement à la destruction de la Société, ou de ceux qui la représentent : d'autres attaquent le citoyen dans sa vie, dans ses biens & dans son honneur : d'autres enfin font des actions contraires à ce que la loi prescrit ou défend de faire dans la vue du bien public.

Toute action non comprise sous l'une de ces classes, ne peut être regardée comme un crime & punie comme telle, que par ceux qui trouveroient quelqu'intérêt à la faire regarder comme criminelle. C'est pour n'avoir pas sû placer ces limites, qu'on voit dans toutes les Nations, une morale contradictoire avec la législation, plusieurs loix contraires entre elles, d'autres qui exposent l'homme de bien aux peines les plus sévères, les noms de vice & de vertu rendus vagues

& variables, l'exiſtence du citoyen devenue incertaine, & toutes ces cauſes amener par degrés,
dans les corps politiques, une léthargie fatale, qui
les conduit à leur deſtruction.

L'opinion que chaque citoyen peut faire tout
ce qui n'eſt pas contraire à la loi, ſans craindre d'autres inconvéniens que ceux qui ſont les
ſuites néceſſaires de ſon action en elle-même, eſt
un dogme politique qui devroit être cru des Peuples, prêché par les Magiſtrats, & mis ſous la
garde incorruptible des loix; dogme ſacré ſans
lequel il ne peut y avoir de Société legitime;
droit du citoyen, qui eſt la juſte récompenſe du
ſacrifice qu'il a fait d'une partie de cette action
univerſelle ſur toute la nature, qui appartient à
tout être ſenſible, & qui n'a d'autres limites que
celle de ſa force. C'eſt cette opinion qui forme les
ames libres & vigoureuſes, les eſprits élevés & lu-
mineux; c'eſt elle ſeule qui peut inſpirer à l'homme cette vertu ſupérieure à toute crainte, & lui
faire mépriſer la foible prudence de ceux qui ſavent
ſupporter une exiſtence incertaine & précaire.

On ne peut jetter un œil philoſophique ſur les
loix des Nations & ſur leur Hiſtoire, ſans y trouver des exemples de déſordres cauſés par l'ignorance ou le mépris des vérités. On y voit les noms
de vice & de vertu, de bon ou de mauvais citoyen, changer avec les révolutions des ſiécles, non

en raiſon du changement des circonſtances où ſe trouve une Nation , & de ſon intérêt général , mais en raiſon des erreurs & des paſſions paſſagéres des différens Légiſlateurs. On y voit ſouvent les paſſions d'un ſiécle ſervir de bâſe à la morale des ſiécles ſuivans, & former toute leur ſageſſe & toute leur politique, & les paſſions fortes, filles du fanatiſme & de l'enthouſiaſme, affoiblies & rongées par le tems qui amene l'équilibre dans les phénomènes phyſiqués & moraux, devenir peu-à-peu un inſtrument utile entre les mains de l'adreſſe ou du pouvoir. C'eſt ainſi que ſont nées dans ce monde les notions obſcures d'honneur & de vertu : obſcurités qu'elles conſerveront toujours , parce qu'elles changent avec le tems, qui laiſſe ſurvivre les noms aux choſes, & qu'elles varient avec les limites des Etats, dont la Géographie , tant morale que phyſique, eſt bornée par les fleuves & les montagnes qui ſervent de barriéres aux Nations.

§. XXVI.

Des crimes de Leſe-Majeſté.

Les crimes qui tendent directement & immédiatement à la deſtruction de la Société & de ceux qui la repréſentent, & qui ſont les plus graves, parce qu'ils ſont les plus funeſtes à la Société, ſont

appellés

appellés crimes de Lese-Majesté. La tyrannie &
l'ignorance qui confondent les termes & les idées
les plus claires, ont pû seules donner ce nom à
des crimes d'une nature absolument différente,
& rendre en cette occasion, comme en beaucoup
d'autres, les hommes victimes d'un mot. Tout
délit nuit à la Société: mais tout délit ne tend
pas à sa destruction. Les actions morales, comme les physiques, ont leur sphère d'activité di-
versement circonscrite & limitée, ainsi que tous
les mouvemens de la nature, par l'espace & par
le tems. Il n'y a que l'interprétation sophistique,
cette philosophie des esclaves, qui puissent tenter
de confondre des choses que la vérité éternelle a
séparées par des bornes immuables.

§. XXVII.

Des crimes contre la sûreté des Particu-
liers, & premiérement des violences.

APRÈS cette première espèce de crimes, suivent ceux qui attaquent la sûreté des Particuliers. La fin de toute association légitime entre
les hommes étant cette sûreté même, à laquelle
tout citoyen acquiert un droit sacré, on ne peut
se dispenser de punir celui qui viole ce droit, de
quelqu'une des peines les plus considérables, établies par la loi.

Parmi ces crimes, les uns font des attentats contre la perfonne; les autres font contre l'honneur; d'autres enfin contre les biens. Les premiers dont nous allons parler d'abord, doivent certainement être punis de peines corporelles.

Les attentats contre la vie & la liberté des citoyens, font un des crimes les plus grands; & dans cette claffe font compris non pas feulement les affaffinats & les vols commis par les hommes du peuple, mais les violences du même genre exercées par les Grands & les Magiftrats, & qui font des crimes d'autant plus graves, que l'influence morale des actions des hommes élevés agit avec bien plus de force, & à une plus grande diftance, & qu'elle détruit dans les citoyens les idées de juftice & de devoir, pour y fubftituer celle du droit du plus fort, droit également dangereux à celui qui s'en fert & à celui qui en fouffre.

Il ne faut pas que l'homme puiffant & riche puiffe mettre à prix la fûreté du fôible & du pauvre; autrement les richeffes qui fous la protection des loix, font la récompenfe de l'induftrie, deviendroient l'aliment de la tyrannie. Il n'y a point de liberté, toutes les fois que les loix permettent qu'en de certaines circonftances l'homme ceffe d'être une *perfonne*, & devienne une *chofe*. On voit alors les hommes puiffans employer tou-

té leur adreſſe à faire ſortir de la foule des combinaiſons qui réſultent de l'état de ſociété, toutes celles que les loix ont laiſſées en leur faveur.
Cet art ſecret eſt la magie qui transforme des
citoyens en bêtes de ſomme; & qui, dans la main
du fort, eſt la chaîne dont il lie les actions du
foible.

C'eſt ainſi que dans quelques Gouvernemens
qui ont toutes les apparences de la liberté, la
tyrannie demeure cachée, ou s'introduit dans quelque partie de la conſtitution négligée par le Légiſlateur, & là s'aggrandit & ſe fortifie inſenſiblement. Les hommes ſavent oppoſer une digue aſſez forte à la tyrannie ouverte; mais ſouvent ils ne voient pas l'inſecte imperceptible qui
la ronge, & qui ouvre à la fin à l'inondation
une voie d'autant plus ſûre, qu'elle étoit plus
cachée.

Quelles ſeront donc les peines des Nobles dont
les priviléges forment une grande partie des loix
des Nations? Je n'examinerai point ici ſi cette
diſtinction héréditaire entre la Nobleſſe & le peuple eſt utile à un Gouvernement, ou néceſſaire
dans la Monarchie: s'il eſt vrai que la Nobleſſe
ſoit un pouvoir intermédiaire, propre à contenir
dans de juſtes bornes le peuple & le Souverain:
ſi elle n'eſt pas plutôt une Société eſclave d'elle-
même & d'autrui: ſi elle n'a pas l'inconvénient

de rassembler en un espace étroit presque toute
la circulation de l'industrie, de l'espérance & du
bonheur; semblable à ces petites Isles fertiles &
agréables qu'on rencontre au milieu des déserts
sabloneux de l'Arabie: si, quand il seroit vrai
que l'inégalité est inévitable, ou même utile dans
la Société, il ne seroit pas tout aussi naturel qu'elle fût entre les individus, qu'entre des Corps
particuliers; qu'elle circulât dans les diverses parties du Corps politique, plutôt que de s'arrêter
en un seul endroit; qu'elle naquît & se détruisît
continuellement, plutôt que de se perpétuer.
Quoi qu'il en soit de toutes ces questions, je
dis que les peines des personnes du plus haut
rang doivent être les mêmes que celles du dernier des citoyens. Toute distinction dans les hon-
neurs & les richesses, pour être légitime, suppose une égalité antérieure entre les citoyens,
& a pour fondement les loix qui considèrent tous
les membres de la Société, comme également
dépendans d'elle. On doit supposer que les hommes, en renonçant à leur despotisme naturel,
ont dit entre eux : *Celui qui sera le plus industrieux
ou le plus heureux obtiendra de plus grands hon-
neurs, & sa gloire passera à ses Descendans. Mais
qu'il ne craigne pas moins que les autres de violer
les conditions auxquelles il a été élevé au-dessus de
ses concitoyens.* Il est vrai qu'il n'y a point eu

de Diette générale du genre humain où l'on ait
fait un femblable décret : mais il exifte dans les
rapports immuables des chofes. Il ne détruit pas
les avantages qu'on prétend retirer de l'établiffement de la Nobleffe , & empêche les inconvéniens qui peuvent en être les fuites. Il rend
les loix refpectables , en ôtant toute efpérance
d'impunité.

On m'oppofera que la même peine décernée
contre le Noble & le Plébéien devient réellement différente & plus grave pour le premier
par la différence de l'éducation , & par l'infamie
qui fe répand fur une famille illuftre. Je réponds
que la mefure de la peine que doivent infliger
les Loix , n'eft pas la fenfibilité du coupable, mais
le degré de dommage caufé à la Société : or ce
dommage eft d'autant plus grand qu'il eft fait par
un citoyen d'un rang plus élevé. L'égalité de la
peine ne peut jamais être qu'extérieure, puifqu'elle eft réellement proportionnée au degré de fenfibilité qui eft différent dans chaque individu. La
honte d'une famille innocente peut être très-fa-
cilement lavée par le Souverain , qui peut &
doit lui donner des marques publiques de bien-
veillance ; & qui ne fait que de pareilles démon-
ftrations tiennent lieu de raifons au peuple cré-
dule & admirateur ?

§. XXVIII.

Des injures.

LES injures perſonnelles contraires à l'honneur, c'eſt-à-dire qui tendent à enlever à un citoyen, cette juſte portion d'eſtime qu'il a droit d'exiger des autres, doivent être punies par l'infamie.

Il y a une différence qui mérite d'être obſervée entre les loix civiles, & les loix de ce qu'on appelle l'*honneur*. Celles-là s'occupent de la conſervation du corps & des biens de chaque particulier; celles-ci ne ſongent à le défendre que des coups de l'opinion. Ce mot *honneur* eſt un de ceux ſur leſquels on a fait les raiſonnemens les plus brillans, ſans y attacher aucune idée fixe & préciſe : malheureuſe condition de l'eſprit humain, auquel les vérités les plus éloignées de lui, les révolutions des corps céleſtes ſont mieux connues que celles qui ſont les plus importantes à ſon bonheur, & pour qui les notions intéreſſantes de la morale ſont incertaines, établies par l'ignorance, & mobiles à tous les vents des paſſions! Cependant on ceſſera de s'étonner de cette différence, ſi l'on conſidère que, comme nous ne diſtinguons pas les différentes parties des objets trop rapprochés de nos yeux, ainſi dans les notions morales trop voiſines de nous, nous con-

fondons facilement les idées simples qui les composent, & nous ne pouvons pas suivre les lignes
qui les terminent, & dont il faudroit fixer la position, pour distinguer les phénoménes de la sensibilité humaine. Il y a plus : l'observateur ré-
fléchi de la nature cessera de se plaindre d'elle,
en soupçonnant que les hommes, pour être heureux & tranquilles, n'ont peut-être pas besoin
d'une si grande multitude de liens, ni d'un si
grand appareil de Morale.

L'idée d'honneur est une idée complexe, formée d'idées qui sont elles-mêmes composées &
non simples. Selon les différentes faces sous lesquelles l'idée d'honneur se présente à l'esprit, elle
renferme quelquefois, & d'autres fois elle exclut
quelques uns de ces élémens qui la composent,
en ne conservant dans ces différentes situations
qu'un petit nombre d'élémens communs, comme
plusieurs quantités algébriques admettent un commun diviseur. Pour trouver ce diviseur commun
des différentes idées que les hommes se forment
de l'honneur, jettons un coup d'œil rapide sur la
formation des sociétés.

Les premiéres loix, les premiéres magistratu-
res dûrent leur origine à la nécessité de prévenir les désordres qu'auroit entrainé le despotisme
physique de chaque particulier. Ce fut l'objet
de l'établissement de la société, & tous les co-

des des Nations, même ceux qu'on peut regarder comme destructeurs, sont ou prétendent être dirigés vers le même but. Mais le rapprochement des hommes & les progrès de leurs connoissances donnerent bientôt naissance à une infinité de besoins & d'actions réciproques entre les membres de la société. Ces besoins n'avoient pas tous été prévus par la loi; & le pouvoir actuel de chaque citoyen ne lui suffisoit pas pour les satisfaire. A cette époque commença de s'établir le pouvoir de l'opinion qui étoit l'unique moyen d'obtenir des autres les biens que la loi ne pouvoit pas procurer, & d'écarter de soi les maux dont elle ne pouvoit pas garantir. C'est l'opinion qui fait le supplice du sage comme du vulgaire; c'est elle qui concilie souvent aux apparences de la vertu, le respect qu'elle refuse à la vertu même. C'est l'opinion qui fait un missionnaire d'un scélérat qui trouve son intérêt à cette hypocrisie. Sous le regne de l'opinion, l'estime des hommes devint non-seulement utile, mais nécessaire à tout citoyen pour se soutenir au niveau de tout le monde. L'ambitieux l'usurpa, comme un moyen utile à ses vues; l'homme vain la mendia, comme un témoignage de son mérite: l'honnête homme l'exigea, comme nécessaire. L'honneur est une condition que beaucoup d'hommes mettent à leur propre existence.

Né depuis la formation des fociétés, il n'a pû être mis dans le dépôt commun; le fentiment qui nous y attache eft au contraire un retour inftantané à l'état de nature, & nous fouftrait un moment au pouvoir des loix qui, dans de certaines circonftances, ne défendent pas fuffifamment le citoyen.

De-là il fuit que, dans l'extrême liberté politique, & dans l'extrême dépendance, les idées d'honneur difparoiffent de la fociété, ou fe confondent avec d'autres idées. Dans le premier cas, l'autorité des loix rend inutile au citoyen la recherche de l'eftime des autres: & dans le fecond, le defpotifme annulant l'exiftence civile, ne laiffe à chaque homme qu'une perfonalité précaire & momentanée. L'honneur eft donc un des principes conftitutifs de ces Monarchies qui font un defpotifme limité; & il y produit les mêmes effets que les révolutions dans les Etats defpotiques. Il replace pour un moment le fujet dans l'état de nature, & rappelle au maître le fouvenir de l'ancienne égalité.

§. XXIX.
Des Duels.

DE la néceffité de l'eftime des hommes, naquirent les combats finguliers qui fe font établis précifément dans l'anarchie des loix. On croit qu'ils ont été inconnus à l'antiquité. Peut-être est-ce parce que les hommes ne se rassembloient pas alors armés avec défiance dans les temples, aux théatres & avec leurs amis ; peut-être aussi que le duel étant un spectacle ordinaire & commun, que donnoient au peuple des hommes esclaves & avilis, des citoyens craignirent d'être regardés comme des gladiateurs.

Quoi qu'il en soit, c'est en vain que la peine de mort a été décernée contre celui qui offre ou accepte le duel. Cette loi sévère n'a pu extirper une coutume fondée sur un sentiment qui rend l'honneur plus cher à l'homme que sa vie. Le citoyen avili dans l'esprit de ses concitoyens, seroit exposé ou à devenir un être isolé & solitaire, état insupportable à une créature sociable, ou à être continuellement en bute aux insultes & à l'infamie dont les coups répétés l'affectent plus fortement que le danger & l'idée du supplice auquel il s'expose. Pourquoi les duels ne sont-ils pas en usage entre les gens du Peuple comme parmi les Grands ? Ce n'est pas seulement parce que le Peuple est désarmé, c'est parce que les hommes d'un rang inférieur, ont moins besoin de l'estime publique que ceux d'un état plus élevé, & qui se regardent les uns les autres avec plus de défiance & de jalousie.

Il n'est pas inutile de répéter ici ce que d'au-

tres-ont écrit, que le meilleur moyen pour prévenir cette espèce de crime, est de punir l'ag-
gresseur, c'est-à-dire, celui qui a donné occasion
au duel, & de déclarer innocent, celui qui, sans
qu'il y eût de sa faute, s'est vu forcé de défendre son honneur dont les loix ne lui assuroient
pas suffisamment la possession, & qui a été con-
traint de montrer à ses concitoyens qu'il ne crai-
gnoit point les hommes.

§. XXX.

Du Vol.

LES vols faits sans violence devroient être punis d'une peine pécuniaire. Celui qui a voulu s'en-
richir du bien d'autrui, peut être dépouillé du
sien. Mais les peines pécuniaires ôteroient souvent le pain à une famille innocente, & con-
tribueroient peut-être à multiplier les vols, en
augmentant le nombre des indigens. D'ailleurs,
ce crime est commis ordinairement par des hommes pauvres, & par ces malheureux auxquels le
droit de propriété (droit terrible, & qui n'est
peut-être pas nécessaire) n'a laissé que la simple
existence. La peine la plus naturelle du vol ne
peut être que cette sorte d'esclavage qui est la
seule qu'on puisse appeller juste, c'est-à-dire,
l'esclavage qui rend la société maîtresse absolue

de la perſonne & du travail du coupable, pour
lui faire réparer par cette dépendance, le deſpotiſme injuſte qu'il a uſurpé ſur le bien d'autrui, & la violation qu'il a faite du pacte ſocial.

Si le vol eſt accompagné de violence, il faudra, dans la punition, ajouter à la ſervitude,
des peines corporelles. D'autres Ecrivains ont fait
voir les inconvéniens qu'il y a à ne pas diſtinguer les peines des vols adroits, & celles des
vols faits avec violence, & à faire cette équa-
tion abſurde de la vie d'un homme avec une certaine ſomme d'argent. Ces choſes ſont de nature abſolument différente ; & il eſt certain, en
politique comme en mathématique, qu'entre des
qualités hétérogénes, il y a une diſtance infinie.
On a dit tout cela avant moi. Mais il n'eſt pas
inutile de répéter des vérités dont on n'a pas encore profité. Les corps politiques conſervent plus
long-tems que les autres le mouvement qui leur
a été imprimé ; mais ils en reçoivent bien plus
difficilement & plus lentement un nouveau.

§. XXXI.

De la Contrebande.

La contrebande eſt un délit véritable contre le
Souverain & la Nation : mais la peine n'en devroit pas être infamante ; parce que dans l'opi-

nion publique ce délit ne rend pas infame celui
qui le commet.

Mais pourquoi ce délit qui eſt un vol fait au
Prince, & par conſéquent à la nation elle-même, n'entraîne-t-il pas l'infamie avec lui ? Je
réponds que les délits que les hommes ne croient
pas pouvoir leur être nuiſibles, ne les intéreſſent
pas aſſez pour exciter l'indignation publique. Or,
la contrebande eſt de ce genre. Les hommes ſur
leſquels les conſéquences éloignées d'une action
font des impreſſions très-foibles, ne voient pas
le dommage que leur cauſe la contrebande, dont
ils retirent même quelquefois des avantages pré-
ſens. Ils ne voient que le mal qu'elle fait au Souverain. Ils ne ſont donc pas intéreſſés à refuſer
leur eſtime à celui qui fait la contrebande, comme à celui qui commet un vol, ou à un fauſ-
ſaire, crimes dont ils peuvent ſouffrir ; d'après ce
principe évident, qu'un être ſenſible ne s'intéreſ-
ſe qu'aux maux qu'il connoît.

Ce délit doit ſon exiſtence à la loi même,
parce que plus les droits ſont conſidérables, &
plus l'avantage de faire la contrebande eſt grand ;
& par conſéquent plus la tentation eſt forte, tentation qui eſt encore augmentée par la facilité
de le commettre, lorſque la circonférence qu'on
garde eſt d'une grande étendue, & lorſque la
marchandiſe prohibée ou ſoumiſe à des droits,

eſt de petit volume. La perte des marchandiſes prohibées & de celles qui l'accompagnent eſt très-juſte. Mais elle ſera d'autant plus efficace, que le droit ſera plus léger, parce que les hommes ne riſquent qu'à proportion du gain que peut leur produire l'événement heureux.

Faudra-t-il donc laiſſer impuni le crime de celui qui n'a rien à perdre ? Non. Il y a des eſpèces de contrebande qui intéreſſent tellement la nature du tribut, partie ſi eſſentielle & ſi difficile de la Légiſlation, qu'un tel délit mérite une peine conſidérable, comme la priſon & même la ſervitude : mais une priſon & une ſervitude analogues à la nature du délit. Par exemple, la priſon d'un Contrebandier de tabac ne doit pas être la même que celle d'un aſſaſſin ou d'un voleur ; & la peine la plus convenable paroît devoir être le travail du coupable attribué & appliqué au fiſc qu'il a voulu frauder.

§. XXXII.

Des Banqueroutes.

LA néceſſité de la bonne foi dans les conventions, & la sûreté du Commerce obligent le Légiſlateur à fournir aux créanciers des moyens de ſe faire payer de leurs débiteurs. Mais il eſt néceſſaire de diſtinguer le banqueroutier fraudufeux de celui qui eft de bonne foi. On doit punir le premier de la peine qu'on décerneroit contre les faux monnoyeurs, parce que falfifier un morceau de métal monnoyé qui eft un gage des *obligations* des citoyens entr'eux, n'eft pas un crime plus grand, que de falfifier une *obligation* elle-même. Mais le banqueroutier qui peut prouver avec évidence, que l'infidélité de fes propres débiteurs, ou leurs pertes, ou des malheurs inévitables à la prudence humaine l'ont dépouillé de fes biens, ne doit pas être traité avec la même rigueur. Sur quel motif barbare le jettera-t-on dans une prifon ? pourquoi le privera-t-on de la liberté, le feul bien qui lui refte ? pourquoi lui fera-t-on fubir les peines des coupables, & le forcera-t-on à fe repentir de fa probité ? Il vivoit tranquille à l'abri de fon innocence fous la garde des loix. Ce n'eft pas par fa faute qu'il a violé celles qui prefcrivent la fidélité dans les conventions. Ces loix trop févères ont été dictées par l'avidité des riches, & acceptées des pauvres, féduits par cette efpérance qui fubfifte toujours dans le cœur de l'homme, & qui lui fait croire que les événemens défavantageux feront pour les autres, & que toutes les combinaifons heureufes feront pour lui. Les hommes, en fe laiffant aller à leurs premières impreffions, aiment les loix cruelles, quoiqu'ils y foient eux-mêmes foumis.

& quoiqu'il fût de l'intérêt de chacun qu'elles fuffent douces, parce que la crainte d'être offenfé eft toujours plus grande que le defir de nuire.

Pour revenir au banqueroutier non frauduleux, qu'on regarde, fi l'on veut, fa dette comme inextinguible jufqu'au parfait payement ; qu'on lui refufe le droit de fe fouftraire, fans le confentement des intéreffés, à l'obligation qu'il a contractée, & la liberté de porter fon induftrie dans un autre pays ; qu'on le contraigne d'employer fon travail & fes talens à fe remettre en état de fatisfaire ceux à qui il doit ; mais on ne pourra jamais juftifier par aucune raifon folide, une loi qui le privera de fa liberté fans utilité pour fes créanciers.

On dira que la prifon fera un moyen de faire révéler au banqueroutier les fripponneries qu'il a faites dans une faillite prétendue forcée. Mais cette prétendue utilité de la peine de la prifon n'aura prefque jamais lieu, fi l'on fuppofe qu'on a fait, comme on le doit, un examen rigoureux de la conduite & des affaires de l'accufé.

Que fi l'on m'oppofe la difficulté de démêler fi le banqueroutier eft coupable, ou non, de mauvaife foi ; je réponds que cette difficulté même me fait croire auffi qu'il y a peu d'inconvénient à laiffer fa fripponnerie impunie. C'eft, à mon avis, une maxime de légiflation, que l'importance

des

des inconvéniens politiques de l'impunité d'un crime, eſt en raiſon directe des dommages que le
crime cauſe à la Société, & en raiſon inverſe
de la difficulté qu'on éprouve à le conſtater.

. On allégue la néceſſité d'aſſurer la propriété
des biens qui doit être ſacrée, & les intérêts du
Commerce. L'intérêt du Commerce & la propriété des biens ne ſont pas la fin du pacte ſocial, mais ſeulement des moyens d'arriver à cette
fin; & ſoumettre tous les Membres de la Société
à des loix cruelles, pour les préſerver des inconvéniens qui ſont les ſuites néceſſaires des combinaiſons infinies qui réſultent de l'état actuel des
Sociétés policées, ce ſeroit ſubordonner la fin aux
moyens; paralogiſme de toutes les ſciences, &
principalement de la politique. *

On pourroit, ce ſemble, diſtinguer le dol avec
des circonſtances odieuſes d'avec la faute grave ;
la faute grave, de la légère ; & celle-ci, de
l'innocence entiére : décerner, dans le premier cas,
contre le coupable, les peines prononcées contre

---

* J'ai fait moi-même cette faute dans mes précédentes Edi-
tions, en diſant que le banqueroutier non frauduleux devoit
être gardé comme un gage de ce qu'il doit, & employé
comme un eſclave à travailler pour le compte de ſes débiteurs.
Je ſuis honteux d'avoir adopté cette opinion cruelle. J'ai été
accuſé d'irréligion, & je ne le méritois pas ; j'ai été accuſé de
ſédition, & je ne le méritois pas : j'ai offenſé les droits de
l'humanité, & perſonne ne m'en a fait le moindre reproche.

H

les crimes de faux; dans le fecond, des peines moindres, & la perte de la liberté; dans le cas d'une innocence entiére, laiffer au débiteur le choix libre des moyens qu'il voudroit prendre, pour fe remettre en état de fatisfaire fes créanciers; enfin, dans le cas d'une faute légère de la part du débiteur, laiffer aux créanciers le droit de prefcrire ces moyens. Mais les diftinctions de faute grave & de faute légère devroient être fixées par la loi qui eft feule impartiale, & non par la prudence arbitraire & toujours dangereufe du Magiftrat.

Un Légiflateur prévoyant pourroit empêcher la plus grande partie des faillites frauduleufes, & préparer des remédes aux accidens qui arrivent à l'homme induftrieux & de bonne foi. Un régiftre public bien fait de tous les contrats, & la liberté à chaque citoyen de le confulter; une banque formée par une contribution fagement répartie fur les Commerçans, & dont on tireroit des fommes convenables pour fecourir l'induftrie malheureufe, feroient des établiffemens qui auroient beaucoup d'avantages, & qui n'entraîneroient aucun inconvénient réel. Malheureufement les loix faciles, fimples & grandes, qui n'attendent que le fignal du Légiflateur pour répandre dans les nations la richeffe, la force & le bonheur, & qui mériteroient à un Prince une recon-

noiſſance éternelle de toutes les générations, ſont
ou inconnues, ou rejettées. Un eſprit inquiet &
minutieux, la timide prudence du moment, la
défiance & l'averſion pour les nouveautés les plus
utiles, s'emparent de l'eſprit de ceux qui pourroient régler & combiner les actions des humains.

§. XXXIII.

Des Délits qui troublent la tranquilité publique.

L A troiſiéme eſpéce de délits que nous avons
diſtinguée, c'eſt-à-dire, ceux qui troublent plus
particuliérement la tranquilité publique, ſont les
querelles & les batteries dans les voies publiques, deſtinées au Commerce ; les diſcours fanatiques dans les carrefours, qui excitent les paſſions d'une populace curieuſe, & qui empreun-
tent plus de force de la multitude même des auditeurs, & ſurtout d'un enthouſiaſme obſcur &
myſtérieux, que la tranquile raiſon qui n'a point
d'action ſur une grande quantité d'hommes aſ-
ſemblés.

Eclairer les Villes pendant la nuit, diſtribuer
des Gardes dans les différents quartiers, réſerver
au ſilence & à la tranquilité des Egliſes les diſcours religieux, y prêcher la Morale Chrétienne
dans toute ſa ſimplicité, agiter les intérêts publics

& particuliers dans les affemblées de la nation où réfide la Majefté du Souverain; voilà les moyens efficaces pour prévenir les mouvemens dangereux des paffions populaires. Ce font-là les principaux objets de cette Magiftrature que les François appellent *Police*. Mais fi un tel Magiftrat n'a-giffoit que d'après les loix arbitraires dont il n'e-xiftât aucun Code, & qui ne fuffent pas connues & familiéres à tout citoyen, on ouvriroit la por-te à la tyrannie qui rode fans ceffe autour du bercail de la liberté politique. Je ne trouve point d'exception à cet axiôme: Tout citoyen doit fa-voir dans quel cas il eft coupable, & dans quel cas il eft innocent. Si les Cenfeurs, & en gé-néral les Magiftratures arbitraires font néceffaires dans quelques Gouvernemens, ce ne peut être que dans des conftitutions foibles & mal organi-fées. La tyrannie obfcure a fait plus de victimes parmi les citoyens incertains de leur fort, que n'en ont immolé les Tyrans qui ne fe font pas cachés de l'être, & dont les cruautés révoltoient les efprits fans les avilir. Le véritable Tyran com-mence toujours à régner fur l'opinion, pour ab-baiffer le courage dont il a tout à craindre, & qui ne peut s'exercer qu'à la lumiére de la vérité, ou dans le feu des paffions, ou dans l'ignorance des dangers.

§. XXXIV.

De l'Oifiveté.

DES Gouvernemens fages ne fouffrent point au fein du travail & de l'induftrie l'oifivité politique. J'appelle oifiveté politique celle qui ne rend à la Société, ni travail, ni richeffes; qui acquiert toujours fans jamais perdre; qui, refpectée du vulgaire avec une ftupide admiration, eft aux yeux du Sage un objet de mépris; qui, manquant du feul motif qui excite l'activité de l'homme, la néceffité de conferver & d'acquérir les commodités de la vie, laiffe toute leur énergie aux paffions de l'opinion qui ne font pas les moins fortes. Des déclamateurs trop auftéres ont confondu avec cette efpéce d'oifiveté funefte à la Société, l'oifiveté des richeffes, fruits de l'induftrie. Ce n'eft pas à la petite vertu de quelques Cenfeurs des mœurs, mais aux loix à définir l'oifiveté puniffable. Je n'appelle pas oifiveté politique celle qui jouit du fruit des vices ou des vertus de fes ancêtres, qui donne le pain & l'exiftence à la pauvreté induftrieufe en échange des plaifirs actuels qu'elle en reçoit. Celle qui eft l'objet de cette guerre fourde de l'induftrie & de l'opulence, qui a fuccédé à la guerre incertaine & fanguinaire de la force contre la force; celle-là eft utile à mefure que la Société s'étend, & que l'adminiftration laiffe aux hommes plus de liberté.

§. XXXV.

Du Suicide.

Le Suicide est un délit qui semble ne pouvoir être soumis à une peine proprement dite, puisqu'elle ne pourroit tomber que sur un corps froid & sans vie, ou sur des innocens. Dans le premier cas, elle ne fait aucune impression sur les vivans, comme ils n'en éprouveroient aucune en voyant battre une statue; & dans le second, elle est injuste & tyrannique, parce qu'il ne peut y avoir de liberté politique là où les peines ne sont pas purement personnelles. Les hommes aiment trop la vie, les objets qui les environnent les y attachent assez, le fantôme attrayant du plaisir, & l'espérance, cette erreur si douce qui leur fait boire à grands traits les maux mêlés de quelques gouttes de bien, les séduisent trop fortement pour qu'on puisse craindre que l'impunité contribue à rendre ce crime plus commun. On obéit aux loix par la crainte de la douleur; mais la mort détruit toute sensibilité. Quel sera donc le motif qui pourra contenir la main désespérée du Suicide?

Celui qui se tue fait un moindre mal à la Société, que celui qui sort des limites de l'Etat politique, parce que le premier laisse à son pays jusqu'à son corps même; & que celui-ci en se tranſportant, enleve communément une partie de ſes biens. Il y a plus : comme la force de l'Etat conſiſte dans le nombre des citoyens, celui qui quitte une Nation pour ſe donner à une autre, cauſe à la Société qu'il abandonne une perte double de celle que lui cauſe le Suicide. La queſtion ſe réduit donc à ſavoir, s'il eſt utile ou funeſte à la Société de laiſſer à chacun de ſes membres une liberté perpétuelle de s'en éloigner.

Toute Loi qui n'eſt pas armée de force, ou que la nature des circonſtances rend inefficace & vaine, ne doit pas ſe promulguer. L'opinion qui regne ſur les eſprits, obéit aux impreſſions lentes & indirectes que le Légiſlateur fait lui donner ; mais elle réſiſte à la force & à la violence. Les loix inutiles, mépriſées, communiquent leur aviliſſement aux loix les plus ſalutaires, qu'on s'accoutume à regarder, plutôt comme des obſtacles à ſurmonter, que comme la ſauvegarde du bien public. Bien plus ; comme l'énergie de nos ſentimens eſt bornée, en voulant forcer les hommes de reſpecter des loix étrangeres au bien public, ils en auront moins de reſpect pour celles qui ſont vraiment utiles.

D'après ce principe, un ſage Diſpenſateur de la félicité publique pourra tirer quelques conſéquences utiles, que je ne m'arrêterai pas à développer, pour ne pas trop m'écarter de mon

fujet, qui eft de prouver qu'il ne faut pas faire
de l'Etat une prifon. Une pareille loi eft vaine,
parce qu'à moins que des rochers inacceffibles
ou une mer impraticable ne féparent un pays
de tous les autres, comment garder tous les points
de la circonférence, & comment garder les gardes eux-mêmes ? D'ailleurs, un tel délit ne peut
plus fe punir auffitôt qu'il eft commis : & le punir avant qu'il fe commette, ce feroit punir l'intention d'un homme, & non fon action: ce feroit vouloir commander à la volonté, partie de
l'homme entiérement libre de l'empire des loix
humaines. Il n'eft pas poffible de punir le fugitif par la confifcation des biens qu'il laiffe,
tant à caufe qu'il lui feroit facile d'éviter la punition par la collufion & le fidéicommis qu'on
ne peut empêcher, fans gêner trop durement les
conventions, que parce qu'une pareille loi en-
traîneroit de très-grands inconvéniens pour le
Commerce. Que fi l'on puniffoit le coupable
en cas qu'il revint, ce feroit empêcher que le
mal fait à la Société ne fe réparât, & mettre
tous ceux qui s'en abfenteroient dans la néceffité de ne plus revenir; la défenfe même de fortir d'un pays ne fait qu'augmenter pour les Natio-
naux le defir de s'en écarter, tandis qu'elle eft
pour les Etrangers un motif qui les détourne de
s'y établir.

Que peut - on penfer d'un Gouvernement, qui n'a point d'autres moyens que la crainte pour retenir les hommes dans leur patrie à laquelle ils font déjà naturellement attachés par les premiéres impreffions de l'enfance. La maniére la la plus fûre de fixer les citoyens dans leur pays, eft d'augmenter le bien-être refpectif de chacun. Comme chaque Etat doit s'efforcer de faire pancher la balance du Commerce en fa faveur, de même c'eft le plus grand intérêt d'une Nation que la fomme de bonheur y foit plus grande que dans les Nations voifines. Les plaifirs du luxe ne font pas les principaux élémens de ce bonheur, quoiqu'ils empêchent les richeffes de fe raffembler en un petit nombre de mains, & qu'ils foient par-là un reméde néceffaire à l'inégalité des citoyens, qui croit en raifon des progrès de la Société politique. *

* Lorfque l'étendue d'un Pays augmente en plus grande raifon que fa population, le luxe favorife le defpotifme, parce que plus les hommes font difperfés, & moindre eft leur induftrie; moins il y a d'induftrie, & plus les pauvres dépendent des riches par le fafte defquels ils fubfiftent. Alors la réunion des foibles contre les oppreffeurs eft bien plus difficile & bien moins à craindre pour ceux-ci. Les hommes puiffans & riches obtiennent bien plus facilement les diftinctions, les refpects, les fervices; toutes chofes qui rendent plus fenfible la diftance du fort au foible, parce que les hommes font d'autant plus indépendans, qu'ils font moins obfervés, & d'autant moins obfervés, qu'ils font raffemblés en plus grand nombre fur le même

Les plaifirs du luxe ont cet inconvénient, que, quoique le commerce & l'échange s'en faffent par beaucoup d'Agens, ils partent d'un petit nombre de mains, & fe diftribuent en derniére inftance à un petit nombre d'hommes, tandis que les autres n'en goûtent qu'une bien petite portion, & confervent toujours le fentiment de leur mifère. Mais comme ce fentiment eft moins en eux l'effet d'un mal réél, que le réfultat d'une comparaifon qu'ils font de leur fort avec celui de quelques-uns de leurs Concitoyens, dans un Etat où il y a de la fécurité & de la liberté, les plaifirs du luxe qui, fans elles, deviendroient l'inftrument de la tyrannie, favoriferoient la population. Comme l'amour de la liberté retient les animaux les plus généreux & les libres habitans de l'air, dans des bois inacceffibles & folitaires, & leur fait abandonner les

efpace de terrein. Au contraire, lorfque la population eft fort grande relativement à l'étendue de l'Etat politique, le luxe eft une barriére au defpotifme, parce qu'il anime l'induftrie & l'activité des hommes, & que le travail du pauvre offre aux riches trop de plaifirs, pour qu'ils fe livrent au luxe d'oftentation qui répandroit parmi les petits l'opinion de leur dépendance. On voit par-là que dans les Etats vaftes affoiblis & dépeuplés, à moins que d'autres caufes n'empêchent cet effet, le luxe d'oftentation doit prévaloir fur le luxe de commodités. Mais dans les Etats plus peuplés que vaftes, le luxe de commodités tend continuellement à diminuer le luxe d'oftentation, campagnes fertiles & riantes femées des piéges de l'homme leur ennemi ; ainfi les hommes fuient le plaifir même, offert par la main des Tyrans.

S'il eſt donc démontré que la Loi qui empri-fonne les Citoyens dans leur pays eſt inutile & injuſte, il faut porter le même jugement de celle qui décerne une peine contre le Suicide. C'eſt un crime devant Dieu, qui le punit après la mort, parce que lui feul peut punir aſinſi. Mais ce n'eſt pas un crime devant les hommes, puiſque la peine, au lieu de tomber fur le cou-pable, tombe fur fon-innocente famille. Si l'on m'oppoſe que cette peine peut cependant détour-ner l'homme le plus déterminé de fe donner la mort ; je réponds que celui qui renonce tran-quillement à la douceur de vivre, qui hait aſſez fon exiſtence ici-bas pour braver l'idée d'une éternité malheureuſe, ne fera pas arrêté par des conſidérations beaucoup moins fortes, & beau-coup plus éloignées.

§. XXXVI.

De quelques crimes difficiles à conſtater.

Il y a quelques crimes trop fréquens dans la Société, & en même tems difficiles à prouver. Tels font l'adultere, la pédéraſtle, l'infanticide.

L'adultere eſt un crime qui, conſidéré politiquement, doit son existence à deux causes, les mauvaises loix, & cette attraction si puissante qui porte un sexe vers l'autre. *

Si j'avois à parler à des Nations encore privées des lumiéres de la Religion, je dirois qu'il y a une différence considérable entre cette espéce de délit & tous les autres. L'adultere nait de l'abus d'un besoin constant, universel dans la nature humaine, besoin antérieur à la Société dont il est lui-même le Fondateur; tandis que les autres délits, destructeurs de la Société, prennent leur origine dans les passions du moment. Ceux qui ont étudié l'histoire & la nature de l'homme, conjecturent que dans un même climat ce besoin est une quantité toujours égale & constanté. Si cela étoit, il faudroit regarder comme inutiles, & même comme funestes; toutes les loix & les coutumes dont le but seroit de diminuer la som-me totale des effets de cette passion: parce que ces loix chargeroient une portion de la Société de ses propres besoins & de ceux d'une autre classe de Citoyens: celles-là au contraire seroient

* Cette attraction est semblable en beaucoup de choses à la pesanteur universelle. Comme celle-ci, elle diminue par la distance: si l'une modifie tous les mouvemens du corps, l'autre affecte tous les mouvemens de l'ame tant que dure son activité. Elles différent en ce que la gravité se met en équi-libre avec les obstacles, tandis que la passion de l'amour se fortifie par les obstacles mêmes.

fages & utiles, qui fuivant, pour ainfi dire, la pente douce du fleuve, en diviferoient le cours en un nombre de rameaux fuffifant pour empêcher par-tout la féchereffe & l'inondation. La fidélité conjugale eft toujours plus grande à proportion que les mariages font plus nombreux & plus faciles; lorfque le préjugé les affortit, & que la puiffance paternelle les forme & les empêche à fon gré, la galanterie en rompt fecrettement les liens, malgré les déclamations des Moraliftes vulgaires, dont l'occupation eft de crier contre les effets en pardonnant aux caufes. Mais toutes ces réfléxions font inutiles à ceux qui, vivant dans la véritable Religion, connoiffent des motifs plus fublimes, dont l'action corrige celle de la Nature.

L'adultere eft un délit fi fugitif, fi myftérieux, fi caché par le voile dont les loix mêmes forcent de le couvrir, (voile néceffaire mais tranfparent, qui augmente les charmes de l'objet, loin de les diminuer) qu'il eft bien plus au pouvoir du Légiflateur de le prévenir, que de le détruire, lorfqu'il eft établi. Regle générale. Dans tout délit, qui par fa nature doit néceffairement & fouvent demeurer impuni, la peine eft un aiguillon au crime. Telle eft la nature de l'efprit humain que les difficultés qui ne font pas infurmontables, ni trop grandes relativement au degré d'activité de chacun, embelliffent l'objet, & excitent plus vivement l'imagination à le pourfuivre. Elles font, pour ainfi dire, autant de barrières qui l'empêchent de s'en écarter, & qui la forcent à en parcourir tous les rapports. Or, dans cette agitation, l'ame faifit bien plus fortement les côtés agréables de l'objet vers lefquels elle eft plus naturellement portée, que les côtés défagréables dont elle s'éloigne autant qu'elle peut.

La Pédéraftie fi févérement punie par les loix, & pour laquelle on employe fi facilement ces tourmens qui triomphent de l'innocence même, a moins fa fource dans les befoins de l'homme ifolé & libre, que dans les paffions de l'homme efclave & réuni en Société. Elle eft bien moins l'effet de la fatiété des plaifirs, que celui des défauts de cette éducation qui, pour rendre les hommes utiles aux autres, commence par les rendre inutiles à eux-mêmes, dans ces maifons où l'on raffemble une jeuneffe ardente, & où le commerce avec le fexe étant interdit, toute la vigueur de la Nature qui fe développe fe confumant inutilement pour l'Humanité, précipite l'arrivée de la vieilleffe.

L'*Infanticide* eft pareillement l'effet de la fituation terrible où fe trouve une perfonne qui s'eft laiffé féduire ou infulter. Forcée de choifir

entre l'infamie pour elle-même, & la mort d'un
Etre incapable de fentir la perte de la vie, comment ne préféreroit-elle pas ce dernier parti pour
éviter fa honte & celle de fon malheureux enfant ? Le meilleur moyen de prévenir ce crime
feroit de protéger efficacement la foibleffe contre cette efpéce de tyrannie qui exagère tous les
vices qu'on ne peut pas couvrir du manteau de
la vertu.

Je ne prétends pas affoiblir la jufte horreur
qu'on a pour ces crimes, mais indiquer leurs
fources : & je me crois en doit d'avancer ce
principe général, qu'on *ne peut appeller précifé-*
ment jufte, ou, [*ce qui eft la même chofe*] *nécef-*
faire, la punition d'un crime, tant que la loi n'a
pas employé pour le prévenir les meilleurs moyens
poffibles dans les circonftances données dans lefquelles
fe trouve une Nation.

§. XXXVII.

D'une efpéce particuliére de Délits.

CEUX qui liront cet Ecrit, s'appercevront
fans doute que j'ai omis de parler d'une efpéce
de délit qui a rempli l'Europe de fang, & qui
a élevé ces funeftes bûchers, où des corps vivans
fervant d'aliment aux flammes, & des cris étouf-
fés & fourds fortant du milieu d'un tourbillon de

fumée, étoient aux yeux d'une multitude fanatique un fpectacle agréable , & à fes oreilles une
harmonie douce. Mais les hommes éclairés ver-
ront que les circonftances du lieu & du fiécle
où je vis ; & la matiére que je traite , ne m'ont
pas permis d'examiner la nature de ce délit. Je
m'écarterois de mon fujet & j'entreprendrois un
travail trop long, fi je voulois prouver la néceffité d'une entiére uniformité d'opinions dans un
état politique contre l'exemple d'un grand nombre de nations ; fi je voulois faire entendre comment des croyances entre lefquelles on ne peut
affigner que des différences fubtiles, obfcures &
fort au deffus de la capacité de l'efprit humain ,
peuvent cependant troubler la tranquilité publique, à moins que l'une ne foit autorifée, & les
autres profcrites ; comment parmi les opinions
il y en a un certain nombre qui s'éclairciffent
par leur fermentation dans les efprits, & dont
l'oppofition réciproque & les combats anéantif-
fent l'erreur, pour ne laiffer fubfifter que la vérité , tandis que d'autres , moins ftables par elles-
mêmes, doivent être appuyées de la force & de
l'autorité ; fi je voulois montrer que, quelque
odieux que femble l'empire de la force fur les
efprits dont il n'obtient d'autre tribut que la dif-
fimulation, & enfuite l'aviliffement ; quelque
contraire qu'il paroiffe à l'amour de nos freres

prefcrit

preſcrit par la raiſon & par l'autorité que nous
reſpectons le plus , il eſt cependant néceſſaire &
indiſpenſable. On doit croire que tous ces para-
doxes ſont évidemment prouvés & conformes aux
vrais intérêts de l'Humanité , s'il y a une autorité
légitime & reconnue qui les mette en pratique.
Quant à moi , je ne parle que des crimes qui
appartiennent à l'homme naturel , qui ſont la
violation du pacte ſocial , & non pas des péchés
dont les peines , même temporelles , doivent ſe
déterminer d'aprés d'autres principes , que ceux
d'une Philoſophie humaine & bornée.

§. XXXVIII.

De quelques ſources générales d'erreurs
& d'injuſtices dans la Légiſlation, &
premiérement des fauſſes idées d'utilité.

JE crois devoir développer ici quelques cauſes générales de la cruauté & des autres vices
des loix pénales. Je place d'abord parmi ces
cauſes les fauſſes idées que les Légiſlateurs ſe
font de l'utilité. Celui-là a de fauſſes idées d'u-
tilité , qui tient plus de compte des inconvéniens
particuliers , que des inconvéniens généraux ;
qui veut commander aux ſentimens , au lieu de
les exciter , & qui oſe dire à la raiſon , ſois
eſclave. Celui-là a de fauſſes idées d'utilité ,

I

qui facrifie mille avantages réels à la crainte
d'un défavantage imaginaire ou de peu de conféquence ; qui voudroit ôter aux hommes le feu,
parce qu'il caufe des incendies , & l'eau, parce qu'on s'y noie , & qui ne fait empêcher le
mal qu'en détruifant.   C'eſt avoir de fauſſes idées
d'utilité que de vouloir donner à une multitude
d'Etres fenfibles la fymétrie & l'ordre que peut
recevoir une matiére brute & inanimée ; de négliger les motifs préfens , les feuls qui agiſſent
fur les hommes d'une maniére forte & durable ,
pour employer des motifs éloignés , dont l'impreſ-
fion eſt foible & paſſagère , à moins qu'une
force d'imagination dont peu d'hommes font
doués , ne fupplée par l'aggrandiſſement de l'objet à fon éloignement. Enfin, j'appelle fauſſe
idée d'utilité celle qui fait facrifier la chofe au
nom, & féparer le bien public du bien de tous
les particuliers.

Il y a cette différence entre l'état de Société &
l'état de Nature, que l'homme fauvage ne caufe
de dommage aux autres, qu'autant qu'il lui eſt
néceſſaire de leur en caufer pour fon propre
avantage : mais l'homme en fociété eſt quelquefois
pouſſé par le vice des loix à nuire à fon femblable
fans aucun bien pour lui-même. Le defpote jette
la crainte & l'abattement dans l'ame de fes efclaves, mais cette crainte & cet abattement fe

repercutent fur lui-même, & font bientôt fon propre malheur. Plus la crainte eft folitaire, & pour ainfi dire domeftique, moins elle eft dangereufe à celui qui trouve fon bonheur à l'infpirer. Mais, plus elle eft publique & répandue fur une grande multitude d'hommes, & plus il eft facile qu'il fe trouve un fou, un défefpéré, ou un homme audacieux & délié qui faffe fervir les autres à fes fins, & qui fache réveiller en eux des efpérances d'autant plus féduifantes, que le rifque de l'entreprife fe partagera entre un plus grand nombre, & que le prix qu'ils atacheront à leur propre exiftence, fera moindre à raifon de ce que leurs maux feront plus grands.

§. XXXIX.

De l'efprit de Famille.

L'ESPRIT de famille eft une feconde fource générale d'erreurs & d'injuftices dans la Légiflation. On remarque que la cruauté & les autres vices des loix pénales ont été approuvés par les hommes les plus éclairés dans les Républiques les plus libres; la raifon en eft qu'on y a confidéré l'Etat plutôt comme une Société de familles, que comme une Société d'individus entr'eux. Suppofons une nation compofée de cent mille hommes diftribués en vingt mille familles

de cinq perſonnes chacune, y compris le chef.
Si l'aſſociation eſt faite par familles, il y aura
vingt mille citoyens, & quatre-vingt mille eſclaves: ſi elle eſt faite par individus, il y aura
cent mille citoyens, & tous ſeront libres. Dans
la premiére ſuppoſition, il y aura une République & vingt mille petites Monarchies, dont les
chefs de familles ſeront les Souverains; dans la
ſeconde, l'eſprit de liberté reſpirera non-ſeulement
dans les places publiques, dans les aſſemblées de
la nation, mais encore dans l'intérieur des maiſons où les hommes trouvent néceſſairement la
plus grande partie de leur bonheur ou de leur
malheur. Comme les loix & les mœurs ſont toujours l'effet des ſentimens habituels des membres
de la Société politique, ſi l'aſſociation eſt faite par
familles, l'eſprit monarchique s'introduira inſenſiblement dans la République même, parce qu'il
n'aura d'autre obſtacle à vaincre que les intérêts
oppoſés de chaque chef, & non pas le ſentiment vif & univerſel de la liberté & de l'égalité. L'eſprit de famille eſt un eſprit minutieux
& de détail. L'eſprit public, maitre des principes généraux, voit les faits; & ſait en tirer des
régles générales, utiles au bien du plus grand
nombre. Dans la ſociété de familles, les enfans
demeurent ſous l'autorité du pére tant qu'il vit,
& ne peuvent obtenir que par ſa mort une exiſ-

tence qui ne foit dépendante que des loix. Accoutumés à fléchir & à trembler dans la force de l'âge,
lorfque leur activité n'étoit pas encore retenue par
cette crainte d'expérience qu'on appelle modéra-
tion, comment dans un âge languiſſant & avan-
cé où l'homme eſt détourné des actions vigoureuſes par ſa foibleſſe & par le peu d'eſpérance d'en re-
cueillir les fruits ; comment, dis-je, renverſeront-
ils les obſtacles que le vice oppoſe ſans ceſſe au
bonheur & à la vertu ?

Dans la République où tout homme eſt citoyen, l'union des membres de la famille n'eſt pas
l'effet d'une ſoumiſſion forcée, mais d'un contrat;
& les enfans une fois tirés de la dépendance où
les tenoit la Nature par leur foibleſſe & par le
beſoin d'éducation, & devenus librement membres de la Société, demeurent encore ſoumis librement au chef de la famille pour participer aux
avantages qu'elle leur offre, comme fait l'homme libre par rapport à la grande Société.

Dans la République de familles, les jeunes
gens, c'eſt-à-dire, la partie la plus nombreuſe
& la plus utile de la nation, ſont à la diſcré-
tion des péres : dans la République d'hommes,
les liens qui attachent les enfans aux péres ſont
les ſentimens ſacrés & inviolables de la Nature
qui les invitent à s'aider mutuellement dans leurs
beſoins réciproques, & ſur-tout celui de la recon-

noiſſance pour les bienfaits qu'ils en ont reçus, ſentiment bien moins altéré par la méchanceté du cœur humain, que par la ſoumiſſion mal entendue que preſcrivent les loix.

Cette oppoſition entre les loix des familles & les loix fondamentales des Etats politiques, eſt la ſource de beaucoup d'autres contradictions entre la Morale publique & la Morale domeſtique; & elle établit dans l'eſprit de chaque homme un combat perpétuel. La Morale domeſtique inſpire la ſoumiſſion & la crainte; la Morale publique, le courage & la liberté: cellelà inſtruit l'homme à borner ſa bienfaiſance à un petit nombre de perſonnes qui ne ſont pas de ſon choix; celle-ci à l'étendre à tous ſes ſemblables: la première commande des ſacrifices continuels à une Idole appellée le bien de la famille, & qui n'eſt ſouvent le bien réel d'aucun des individus qui la compoſent; la ſeconde enſeigne à chercher ſon bien-être ſans offenſer les loix, & fait quelquefois porter le citoyen à s'immoler à la Patrie, en la récompenſant d'avance par le fanatiſme qu'elle lui inſpire. Tant de contradictions & d'incertitudes font que les hommes dédaignent de ſuivre la vertu qu'ils ne peuvent reconnoitre dans un ſi grand éloignement, & dans les ténèbres que répand ſur elle l'obſcurité des objets tant phyſiques que moraux. Combien de fois, en jettant

les yeux fur fes actions paffées, un homme s'éton-
ne-t-il de fe trouver malhonnête?

A mefure que la Société s'étend, chaque membre devient une plus petite partie du tout, &
l'efprit de la chofe publique s'affoiblit en même
tems, fi la loi n'a pas foin de le fortifier. Les
Sociétés politiques ont, comme le corps humain,
leurs limites d'accroiffement déterminées, au-
delà defquelles elles ne peuvent s'étendre fans
que leur économie en foit troublée. Il femble
que la grandeur d'un Etat doive être en raifon inverfe du degré de fentiment & d'activité des individus qui le compofent; car fi ce fentiment &
cette activité croiffoient en raifon de la population, le bien même que les bonnes loix auroient
produit, augmenteroit pour elles la difficulté de
prévenir les crimes; parce que des hommes pareils feroient trop difficiles à conduire & à contenir. Une République trop vafte ne peut fe fauver
du defpotifme, qu'en fe foudivifant en un certain
nombre de Républiques confédérées. Mais il faudroit pour cela que le Dictateur defpote tout près
de l'affervir, eût le courage de Sylla, & autant
de génie pour édifier, que ce Romain en eut
pour détruire. Cependant fi un tel homme étoit
ambitieux, il feroit récompenfé par une gloire
immortelle; s'il étoit Philofophe, les bénédictions de fes concitoyens le confoleroient de la

perte de fon autorité, fi même il ne devenoit infenfible à leur ingratitude.

A mefure que les fentimens qui nous uniffent
à l'Etat politique s'affoibliffent, on voit fe ren-
forcer ceux qui nous attachent aux objets qui
font plus voifins de nous. Sous le defpotifme,
les amitiés font plus durables, & les vertus de
famille [toujours médiocres] font plus communes, ou plutôt les feules. On peut juger d'après
tout ceci combien ont été courtes & bornées les
vues de la plus grande partie des Légiflateurs.

§. XL.

De l'efprit de Fifc.

UNE troifiéme caufe des vices de la Jurifprudence criminelle eft l'efprit de Fifc qui a pré-
fidé à fa formation. Il y a eu un tems où toutes
les peines étoient pécuniaires. Les crimes des
citoyens étoient le patrimoine du Prince. Les
attentats contre la fûreté publique étoient une
partie du luxe des riches; & le Souverain &
les Magiftrats deftinés à la protéger, avoient intérêt à la voir infultée. La peine du crime
étoit alors l'objet d'un procès entre le Fifc qui
la décernoit, & le coupable qui la fubiffoit;
une affaire civile, contentieufe, particuliére
plutôt que publique. Le Fifc avoit alors d'au-

tres droits que ceux que lui donnoit le soin de
la tranquilité publique , & le coupable d'autres
peines à subir que celles qu'il eût encourues d'a-
près la seule néceffité de l'exemple. Le Juge
étoit un Avocat du Fisc , plutôt qu'un examinateur impartial de la vérité , un exacteur des
deniers du Prince , & non le protecteur & le miniftre des loix. Comme dans ce fyftême s'avouer
coupable , c'étoit se reconnoitre débiteur du Fisc ,
& que toute la procédure étoit dirigée à faire reconnoitre cette dette à l'accufé , elle avoit pour
but unique d'obtenir la confeffion du crime ,
& une confeffion la plus favorable au Fisc qu'il
fût poffible ; but auquel tend encore aujourd'hui
toute la Jurifprudence criminelle , parce que les
effets continuent encore long-tems après que les
caufes ont ceffé d'exifter. De - là le coupable
qui refufe de faire cette confeffion , quoique
convaincu par des preuves inconteftables , fera
foumis à une peine moindre que celle qu'il auroit fubie , s'il eût avoüé ; & on ne le mettra pas
à la queftion pour tirer de lui l'aveu des autres
crimes liés avec fon crime principal , précifément parce qu'il n'a pas avoué le crime dont
il eft convaincu. La confeffion du crime obte-
nue , le Juge devient maitre du corps du coupable ; & par des tourmens étudiés , il en tire ,
comme d'un fonds qui lui eft acquis , le plus

grand profit qu'il peut. L'exiſtence du délit une fois prouvée, la confeſſion de l'accuſé devient une preuve convaincante. Pour rendre cette preuve moins fuſpecte, on l'obtient par la douleur & par les tourmens, tandis que l'on convient en même tems qu'un aveu extrajudiciaire, tranquile & indifférent ne fuffit pas à la condamnation.

On exclut de l'inſtruction de la procédure les recherches & les preuves qui éclairciroient le fait à la décharge du coupable, mais qui pourroient nuire aux prétentions du Fiſc. Ce n'eſt pas par compaſſion pour le malheureux, ni en confidération de la foibleſſe humaine, qu'on lui épargne quelquefois des tourmens, mais pour conferver des droits devenus aujourd'hui chimériques par le changement des circonſtances. Le Juge devient ennemi du coupable, c'eſt-à-dire, d'un malheureux livré en proie à l'horreur des priſons, au fupplice & à l'avenir le plus terrible. Il ne cherche pas la vérité du fait, mais il cherche le crime dans la perfonne de l'accuſé, il lui tend des piéges; il craint de fe faire tort à lui-même, s'il ne réuffit pas à le trouver coupable, & de donner atteinte à cette infaillibilité que l'homme s'arroge toujours. Il eſt au pouvoir du Juge de déterminer les indices qui fuffifent pour emprifonner un citoyen. Afin qu'un accuſé fe juſtifie, il faut d'abord qu'il foit déclaré coupable, &c.

C'eft-là faire une procédure offenfive, & non pas une *information*, & c'eft cependant là la marche de la procédure criminelle prefque dans tous les Etats policés de l'Europe. On n'y connoit point la véritable procédure, c'eft-à-dire, la recherche indifférente du fait, que la raifon prefcrit, que les loix militaires fuivent, & que le defpotifme Afiatique emploie lui-même dans les affaires qui n'intéreffent que les particuliers : complication tortueufe des plus étranges abfurdités, qu'une poftérité plus heureufe aura certainement peine à croire, & dont le Philofophe feul peut voir aujourd'hui la poffibilité dans l'étude de la nature humaine & de fes erreurs.

§. XLI.

Des moyens de prévenir les crimes.

Il vaut mieux prévenir les crimes, que de les punir. C'eft à prévenir les crimes que doit tendre une bonne légiflation, qui n'eft que l'art de conduire les hommes au *maximum* du bonheur, ou au *minimum* du malheur, pour appliquer cette expreffion mathématique au calcul des biens & des maux de la vie. Mais les moyens qu'on a pris pour cela jufqu'à préfent, font prefque tous mauvais ou contraires à leur fin. Il n'eft pas poffible de foumettre l'activité tumultueufe des hommes à un ordre géométrique, où il n'y ait ni irrégularité ni confufion. De même que la conftance & la fimplicité des loix de la nature n'empêchent pas que les planettes n'éprouvent des *perturbations* dans leurs mouvements ; ainfi les loix humaines ne peuvent empêcher qu'il n'y ait quelque trouble & quelque dérangement dans la Société, au milieu du nombre infini d'attractions contraires du plaifir & de la douleur. C'eft cependant la chimère des hommes bornés, lorfqu'ils ont quelque autorité en main. Défendre une multitude d'actions indifférentes, ce n'eft pas empêcher les crimes qui peuvent en être les fuites ; c'eft en créer de nouveaux ; c'eft changer à fon gré les notions du vice & de la vertu qu'on nous donne d'ailleurs comme éternelles & immuables. A quoi l'homme feroit-il réduit s'il falloit lui défendre tout ce qui peut être pour lui une occafion de mal faire ? Il faudroit le priver de l'ufage de fes fens. Pour un motif qui pouffe les hommes à commettre un crime véritable, il y en a mille qui les portent à faire ces actions indifférentes, appellées crimes par les mauvaifes Loix; & fi la probabilité que le crime fera commis eft proportionnée au nombre des motifs qui portent à le commettre, étendre la fphère des crimes, c'eſt augmenter la probabilité qu'il y aura des crimes commis ; la plus grande partie des loix ne font que des priviléges excluſifs, c'eſt-à-dire, un tribut de tous, à l'avantage d'un petit nombre.

Voulez-vous prévenir les crimes? Faites que les loix foient claires & ſimples, & que toute la force de la Nation foit réunie pour les défendre, fans qu'aucune partie de cette force foit employée à les attaquer. Faites que les loix favoriſent moins les différens ordres des citoyens, que chaque citoyen en particulier. Faites que les hommes les craignent & ne craignent qu'elles. La crainte des loix eſt falutaire, mais la crainte d'un homme pour un autre homme eſt une ſource fatale & féconde de crimes. Les hommes efclaves font plus voluptueux, plus débauchés, plus cruels que les hommes libres. Ceux-ci fe livrent aux fciences, méditent fur les intérêts des Nations, voyent de grands objets, & font de grandes chofes. Ceux-là, contens des plaiſirs du moment, cherchent dans le fracas de la débauche une diſtraction à l'anéantiſſement où ils fe voyent. Accoutumés à l'incertitude de tous les événemens, parce que les loix n'en déterminent aucun, les fuites de leurs crimes font problématiques pour eux ; ce qui prête une nouvelle force à la paſſion qui les y porte,

Dans une Nation indolente par le climat qu'elle habite, l'incertitude des loix conſerve & augmente ſon inaction & ſa ſtupidité. Dans une Nation voluptueuſe & agiſſante, elle fait que l'activité ſe conſume en un nombre infini de petites cabales & d'intrigues qui répandent la défiance dans tous les cœurs, & qui font, de la diſſimulation & de la trahiſon, la baſe de la Morale commune. Enfin, dans une Nation courageuſe & forte, l'incertitude des loix eſt à la fin détruite après pluſieurs oſcillations de la liberté à l'eſclavage, & de l'eſclavage à la liberté.

Voulez-vous prévenir les crimes? Faites que les lumiéres accompagnent la liberté. A meſure que les connoiſſances s'étendent, les maux qu'elles entraînent diminuent, & les avantages qu'elles apportent deviennent plus grands. Un impoſteur hardi (qui n'eſt jamais un homme vulgaire) obtient les adorations d'un Peuple ignorant, & n'eſt pour l'homme inſtruit qu'un objet de mépris. Les connoiſſances facilitent à l'homme la comparaiſon entre les objets. Elles les lui montrent ſous pluſieurs points de vûe, elles modifient ſes ſentimens par ceux des autres, en lui faiſant connoître, dans ſes ſemblables, les mêmes déſirs que les ſiens, & en lui faiſant prévoir de leur part les mêmes réſiſtances. Devant les lumiéres répandues avec profuſion dans une

Nation, on voit difparoître l'ignorance & la calomnie, trembler l'autorité, lorfqu'elle eft dé-
farmée de raifons, & demeurer immobile la feule force des loix. Il n'y a pas d'homme éclairé qui n'aime les conventions, dont l'utilité eft
claire & connue, & qui font les fondemens de
la fûreté publique; parce qu'il compare ce peu
de liberté inutile dont il s'eft dépouillé, avec la
fomme de toutes les autres libertés, dont les autres hommes lui ont fait le facrifice, & qui, fans
les loix, pouvoient s'armer & confpirer contre
lui. Quiconque a une ame fenfible, jettant un
regard fur un Code de bonnes loix, & recon-
noiffant qu'il n'a perdu que la funefte liberté de
nuire à fes femblables, fera forcé de bénir le
Trône & celui qui l'occupe.

Il eft faux que les Sciences foient toujours
nuifibles à l'Humanité, & lorfqu'elles l'ont été,
le mal étoit inévitable. La multiplication du
genre humain fur la terre introduifit la guerre,
les Ars groffiers & les premiéres loix qui n'é-
toient que des conventions momentanées, & qui
naiffant d'une néceffité paffagère, périffoient
avec elle. Ce fut à la premiére Philofophie dont
les élémens étoient en petit nombre & bien choifis, parce que la pareffe & le peu de fagacité
des premiers hommes les préfervoient de beaucoup d'erreurs.

Mais les befoins fe multipliant avec l'efpèce humaine, il fallut des impreffions plus fortes & plus durables pour empêcher les retours fréquens, & qui devenoient tous les jours plus funeftes, de chaque individu au premier état d'infociabilité. Ce fut donc un grand bien politique pour l'Humanité, que les premiéres erreurs religieufes qui peuplerent la terre de fauffes Divinités, & qui créérent un monde invifible d'efprits maîtres & ordonnateurs du monde vifible. On ne peut regarder que comme des bienfaiteurs du genre humain ces hommes hardis qui le trompérent, & par qui la docile ignorance fut traînée au pied des Autels. En préfentant au Vulgaire des objets hors de la portée des fens, qui fuyoient de lui à mefure qu'il croyoit s'en approcher & les atteindre, qu'il n'ofoit méprifer, parce qu'il ne les connut jamais bien, ils réunirent & concentrerent vers un feul objet les paffions différentes qui l'agitoient. Tel fut le fort des premiéres nations qui fe formérent des peuples fauvages. Tel fut le lien néceffaire, & peut-être le feul, des grandes Sociétés, & l'époque de leur formation. (Je ne parle pas de ce peuple élu de Dieu, auquel les miracles les plus extraordinaires & les graces les plus fignalées, tinrent lieu de la politique humaine.) Mais comme la nature de l'erreur eft de fe fubdivifer à l'infini;

ainfi

ainfi les fauffes fciences qui naquirent de ces erreurs, firent des hommes une multitude fanatique d'aveugles fe heurtant & fe bleffant dans le
labyrinthe où ils font enfermés, & firent regret-
ter à quelques ames fenfibles & philofophiques
l'ancien état fauvage de l'Humanité. Voilà la
premiére époque dans laquelle les connoiffances,
ou pour parler avec plus de juftefle, les opinions
font funeftes.

La feconde fe trouve dans le paffage terrible
des erreurs à la vérité, & des ténébres à la lumiére. Le choc des vérités utiles à un grand
nombre de foibles, contre cette maffe immenfe
d'erreurs utiles à un petit nombre d'hommes
puiffans, & la fermentation des paffions qui s'excite dans ce moment, font des maux infinis aux
malheureux humains. En lifant avec attention
l'hiftoire, dont les époques principales, prifes entre certains intervalles, fe reffemblent toutes,
on voit fouvent dans ce trifte & néceffaire paffage de l'ignorance à la Philofophie, de l'efclavage à la liberté, une génération entiére facri-
fiée au bonheur de celle qui doit lui fuccéder.
Mais lorfque l'incendie eft éteint & le calme
rétabli, lorfque la nation eft délivrée des maux
qui l'opprimoient, la vérité, dont les pas font
lents d'abord, & s'accélérent enfuite, vient s'affeoir fur le trône à côté des Monarques, & ob-

tient dans les affemblées de la Nation & dans les Républiques un culte & des Autels. Comment peut-on penfer que la lumière répandue fur la multitude eft plus nuifible que les ténébres, & que la connoiffance des rapports fimples & vrais des chofes, puiffe être funefte à l'Humanité?

Il eft vrai que l'ignorance aveugle eft moins fatale peut-être qu'un favoir médiocre & confus, parce que celui-ci joint aux maux que fait l'ignorance, tous ceux qui font les fuites d'une vûe bornée, & en-deçà des limites du vrai: mais un homme éclairé rendu dépofitaire & gardien de la fainteté des loix, eft le don le plus précieux qu'un Souverain puiffe faire à fa Nation. Accoutumé à voir la vérité fans la craindre, au-deffus de la plus grande partie de ces befoins d'opinion, toujours renaiffants, qui font fi fouvent fuccomber la vertu, fachant contempler l'humanité du point de vûe le plus élevé, il voit dans fa nation une famille, & dans fes concitoyens autant de fréres; & la diftance des Grands au Peuple lui paroît d'autant moindre, qu'il fait embraffer par fes regards une plus grande maffe d'hommes à la fois. Le Philofophe a des befoins & des intérêts que ne connoît pas le vulgaire, la néceffité de ne pas démentir en public les principes qu'il a prêchés dans l'obfcurité, & l'habitude d'aimer la vertu pour elle-même. Quelques hommes de cette efpèce feroient le bonheur d'une Nation; mais pour le rendre durable, il faut que de bonnes loix en augmentent affez le nombre pour diminuer beaucoup la probabilité d'un mauvais choix.

Un autre moyen de prévenir les crimes eft de faire que le Tribunal chargé du dépôt des

loix foit plus intéreffé à les obferver, qu'à les violer en fe laiffant corrompre. Plus il fera nombreux, moins on aura à craindre d'ufurpations
de fa part, parce qu'entre plufieurs membres
d'un même Corps, qui s'obfervent entre eux,
il y a d'autant moins' d'intérêt d'accroître l'autorité commune, que la portion qui en revien-
droit à chacun eft plus petite, principalement
lorfqu'ils comparent la petiteffe de l'avantage aux
dangers de l'entreprife. Si le Souverain, en donnant à la Magiftrature trop d'appareil, de pompe & d'autorité, & en ne permettant point les
plaintes juftes ou mal fondées de celui qui fe croit
opprimé, accoutume fes Sujets à craindre moins
les loix que les Magiftrats, ceux-ci gagneront
plus à cette crainte, & la fûreté publique & particuliére y perdra.

On peut encore prévenir les crimes, en récom-
penfant la vertu. Je vois, fur ce fujet, les loix
de toutes les Nations modernes garder un filence profond. Si les prix diftribués par les Aca-
démies aux Auteurs des découvertes utiles ont
étendu les connoiffances & multiplié les bons Livres, pourquoi des récompenfes de la main d'un
Monarque bienfaifant n'augmenteroit-elles pas le
nombre des bonnes actions? La monnoie de l'honneur eft toujours inépuifable & féconde entre les
mains d'un fage Diftributeur.

Enfin, le moyen le plus fûr, mais le plus
difficile de rendre les hommes meilleurs, est de
perfectionner l'éducation, objet trop vafte, & qui
paffe les bornes que je me fuis prefcrites; objet,
j'ofe le dire, trop étroitement lié avec la nature
du Gouvernement, pour n'être pas un champ fté-
rile & cultivé feulement par un petit nombre de

Sages jufqu'à ces fiécles de félicité publique, qui
font encore bien éloignés. Un grand homme
qui éclaire l'humanité dont il eft perfécuté, a dé-
veloppé les principales maximes d'une éducation
vraiment utile. En voici quelques-unes. S'oc-
cuper d'avantage de préfenter aux enfans un petit nombre d'objets bien choifis & bien diftinéts,
que de leur en montrer un grand nombre : fubftituer les originaux aux copies dans les phénomènes, tant phyfiques que moraux que le ha-
fard ou l'adreffe du Maître préfentent à l'efprit de
l'Eléve : le conduire à la vertu par la route facile du fentiment, & l'éloigner du mal par la
force invincible de la néceffité, & des inconvéniens qui fuivent l'action, & non par l'autorité
dont les effets font toujours incertains, & qui
n'obtient de lui qu'une obéiffance paffagère &
fimulée, &c.

§. XLII.

CONCLUSION.

De tout ce que nous avons vû, on peut tirer ce théorême général, très-utile, mais peu
conforme à l'ufage reçu, qui eft le Légiflateur
ordinaire des Nations.

Pour qu'une peine ne foit pas une violence d'un
feul ou de plufieurs contre un citoyen, elle doit être
publique, prompte, néceffaire, la moindre qui foit pof-
fible dans les circonftances données, proportionnée
au délit, & fixée par la Loi.

F I N.

COMMENTAIRE

SUR

LE LIVRE

DES DÉLITS ET DES PEINES.

COMMENTAIRE

SUR

LE LIVRE

DES DÉLITS ET DES

PEINES,

Par un Avocat de Province.

1766.

TABLE
DES CHAPITRES.

COM-

COMMENTAIRE

SUR

LE LIVRE

DES DÉLITS ET DES

PEINES.

I.

Occasion de ce Commentaire.

J'ÉTAIS plein de la lecture du petit livre des Délits & des Peines, qui est en morale ce que sont en médecine le peu de

A   re-

remèdes dont nos maux pourraient être foulagés. Je me flattais que cet Ouvrage adoucirait ce qui refte de barbare dans la jurifprudence de tant de Nations; j'efpérais quelque réforme dans le genre-humain, lorfqu'on m'apprit qu'on venait de pendre dans une Province, une fille de dix-huit ans belle & bien faite, qui avait des talents utiles, & qui était d'une très honnête famille.

Elle était coupable de s'être laiffé faire un enfant; elle l'était encore davantage d'avoir abandonné fon fruit. Cette fille infortunée fuyant la maifon paternelle eft furprife des douleurs de l'enfantement, elle eft délivrée feule & fans fecours auprès d'une fontaine. La honte qui eft dans le fexe

une

une paſſion violente, lui donna aſ-
ſez de force pour revenir à la maiſon de ſon père & pour y cacher
ſon état. Elle laiſſe ſon enfant expo-
ſé, on le trouve mort le lendemain ;
la mère eſt découverte, condamnée
à la potence & exécutée.

La première faute de cette fille,
ou doit être renfermée dans le ſecret
de ſa famille, ou ne mérite que la
protection des loix : parce que c'eſt
au ſéducteur à réparer le mal qu'il a
fait, parce que la faibleſſe a droit à
l'indulgence, parce que tout parle en
faveur d'une fille dont la groſſeſſe
cachée la met ſouvent en danger de
mort, que cette groſſeſſe connue flé-
trit ſa réputation, & que la difficulté d'élever ſon enfant eſt encor

un

un grand malheur de plus.

La seconde faute est plus criminelle; elle abandonne le fruit de sa faiblesse & l'expose à périr.

Mais parce qu'un enfant est mort, faut-il absolument faire mourir la mère? Elle ne l'avait pas tué; elle se flattait que quelque passant prendrait pitié de cette créature innocente; elle pouvait même être dans le dessein d'aller retrouver son enfant & de lui faire donner les secours necessaires. Ce sentiment est si naturel, qu'on doit le présumer dans le cœur d'une mère. La loi est positive contre la fille dans la province dont je parle. Mais cette loi n'est-elle pas injuste, inhumaine & pernicieuse? injuste, parce qu'elle n'a pas distingué entre

celle

celle qui tue fon enfant & celle qui
l'abandonne ; inhumaine , en ce qu'elle fait périr cruellement une infortunée à qui on ne peut reprocher
que fa faibleffe & fon empreffement
à cacher fon malheur ; pernicieufe ,
en ce qu'elle ravit à la focieté une
citoyenne qui devait donner des fujets à l'état, dans une province où
l'on fe plaint de la dépopulation.

La charité n'a point encor établi
dans ce païs, des maifons fecou-
rables, où les enfans expofés foient
nourris. La où la charité manque,
la Loi eft toujours cruelle. Il va-
lait bien mieux prévenir ces malheurs qui font affez ordinaires, que
fe borner à les punir. La véritable
jurifprudence eft d'empêcher les dé-

A 3   lits ,

lits, & non de donner la mort à un sexe faible, quand il est évident que sa faute n'a pas été accompagnée de malice, & qu'elle a couté à son cœur.

Assurez autant que vous le pourrez une ressource à quiconque sera tenté de mal faire, & vous aurez moins à punir.

I I.

Des Supplices.

Ce malheur, & cette loi si dure, dont j'ai été sensiblement frappé, m'ont fait jetter les yeux sur le Code criminel des nations. L'auteur humain des Délits & des Peines n'a que trop raison de se plaindre que

la

la punition foit trop fouvent au deffus du crime, & quelquefois pernicieufe à l'Etat, dont elle doit faire
l'avantage.

Les fupplices recherchés dans lefquels on voit que l'efprit humain
s'eft épuifé à rendre la mort affreufe,
femblent plutôt inventés par la tirannie que par la juftice.

Le fupplice de la roue fut introduit en Allemagne dans les temps
d'anarchie, où ceux qui s'emparaient
des droits régaliens voulaient épou-
vanter par l'appareil d'un tourment
inouï quiconque oferait attenter contre eux. En Angleterre on ouvrait le
ventre d'un homme atteint de haute
trahifon, on lui arrachait le cœur, on
lui en battait les joues, & le cœur

était

était jetté dans les flammes. Mais, quel était souvent ce crime de haute trahison? C'était dans les guerres civiles d'avoir été fidèle à un Roi malheureux, & quelquefois de s'être expliqué sur le droit douteux du vainqueur. Enfin, les mœurs s'adoucirent; il est vrai qu'on a continué d'arracher le cœur, mais c'est toujours après la mort du condamné. L'appareil est affreux, mais la mort est douce, si elle peut l'être.

I I I.

Des Peines contre les Hérétiques.

Ce fut surtout la tirannie qui la première décerna la peine de mort contre ceux qui différaient

de

de l'Eglife dominante dans quelques dogmes. Aucun Empereur Chrêtien n'avait imaginé avant le tiran Maxime, de condamner un homme au fupplice, uniquement pour des points de controverfe. Il eft bien vrai que ce furent deux Evêques Efpagnols qui pourfuivirent la mort des Prifcilianiftes auprès de Maxime; mais il n'eft pas moins vrai que ce tiran voulait plaire au parti dominant en verfant le fang des hérétiques. La barbarie & la juftice lui étaient également indifférentes. Jaloux de Théodofe Efpagnol comme lui, il fe flattait de lui enlever l'Empire d'Orient, comme il avait déja envahi celui d'Occident. Théodofe était haï pour fes cruautés; mais il avait

fçu

fçu gagner tous les chefs de la religion. Maxime voulait déployer le
même zèle, & attacher les Evêques
Efpagnols à fa faction. Il flattait également l'ancienne religion & la nouvelle; c'était un homme auffi fourbe
qu'inhumain, comme tous ceux qui
dans ce temps-là prétendirent ou
parvinrent à l'Empire. Cette vafte
partie du monde était gouvernée
comme l'eft Alger aujourd'hui. La mi-
lice faifait & défaifait les Empereurs;
elle les choififfait très fouvent parmi
les nations réputées barbares. Théodofe lui oppofait alors d'autres barbares de la Scythie. Ce fut lui qui remplit les armées de Goths, & qui éle-
va Alaric le vainqueur de Rome.
Dans cette confufion horrible c'é-

tait

tait donc à qui fortifierait le plus
fon parti par tous les moyens poffibles.

Maxime venait de faire affaffiner
à Lyon l'Empereur Gratian collè-
gue de Théodofe; il méditait la
perte de Valentinien fecond, nom-
mé fucceffeur de Gratian à Rome
dans fon enfance. Il affemblait à Trêves une puiffante armée, compofée
de Gaulois & d'Allemands. Il faifait
lever des troupes en Efpagne, lorfque deux Evêques Efpagnols Idacio
& Ithacus ou Itacius, qui avaient
alors beaucoup de crédit, vinrent
lui demander le fang de Prifcilien &
de tous fes adhérans, qui difaient
que les ames font des émanations de
Dieu, que la Trinité ne contient
point

point trois hipoftafes ; & qui de plus pouffaient le facrilège jufqu'à jeuner le Dimanche. Maxime, moitié payen, moitié chrêtien, fentit bientôt toute l'énormité de ces crimes. Les Saints Evêques Idacio & Itacius, obtinrent qu'on donnat d'abord la queftion à Prifcilien & à fes complices avant qu'on les fit mourir ; ils y furent préfents, afin que tout fe paffat dans l'ordre ; & s'en retournèrent en béniffant Dieu, & en plaçant Maxime le défenfeur de la foi au rang des Saints. Mais Maxime ayant été défait par Théodofe; & enfuite affaffiné aux pieds de fon vainqueur, il ne fut point canonifé.

Il faut remarquer que Saint Martin Evêque de Tours, véritablement hom-

homme de bien, follicita la grace de Prifcilien ; mais les Evêques l'accusè-rent lui-même d'être hérétique, & il s'en retourna à Tours de peur qu'on ne lui fit donner la queftion à Trêves.

Quant à Prifcilien, il eut la con-folation, après avoir été pendu, qu'il fut honoré de fa fecte comme un mar-tir. On célébra fa fête, & on le fête-rait encor s'il y avait des Prifcilianiftes.

Cet exemple fit frémir toute l'E-glife ; mais bientôt après il fut imité & furpaffé. On avait fait périr des Prifcilianiftes par le glaive, par la corde & par la lapidation. Une jeune Dame de qualité foupçonnée d'avoir jeuné le Dimanche, n'avait été que lapidée dans Bordeaux. * Ces fup-pli-

* Voyez l'Hiftoire de l'Eglife.

plices parurent trop légers; on prouva que Dieu éxigeait que les hérétiques fuſſent brulés à petit feu. La raiſon péremptoire qu'on en donnait, c'était que Dieu les punit ainſi dans l'autre monde, & que tout Prince, tout Lieutenant du Prince, enfin le moindre Magiſtrat, eſt l'image de Dieu dans ce monde-ci.

Ce fut ſur ce principe qu'on brula partout des ſorciers qui étaient viſiblement ſous l'empire du Diable, & les hétérodoxes qu'on croyait encor plus criminels & plus dangereux que les ſorciers.

On ne ſait pas bien préciſément quelle était l'héréſie des chanoines que le Roi Robert fils de Hugue, & Conſtance ſa femme, allèrent faire bru-

bruler en leur préfence à Orléans en
1022. Comment le fauroit-on? Il n'y
avoit alors qu'un très petit nombre de
clercs & de moines qui euffent l'ufage de l'écriture. Tout ce qui eft conf-
taté c'eft que Robert & fa femme raffa-
fièrent leurs yeux de ce fpectacle abominable. L'un des fectaires avait été
le confeffeur de Conftance ; cette
Reine ne crut pas pouvoir mieux
réparer le malheur de s'être confeffée
à un hérétiquè, qu'en le voyant dé-
vorer par les flammes.

L'habitude devient loi ; & depuis
ce temps jufqu'à nos jours, c'eft-à-
dire pendant plus de fept cent années,
on a brulé ceux qui ont été, ou qui
ont paru être fouillés du crime d'une
opinion erronée.

IV.

I V.

De l'Extirpation des héréſies.

Il faut, ce me ſemble, diſtinguer dans une héréſie l'opinion & la faction. Dès les premiers temps du chriſtianiſme les opinions furent partagées. Les chrêtiens d'Alexandrie ne penſaient pas ſur pluſieurs points comme ceux d'Antioche. Les Achaïens étaient oppoſés aux Aſiatiques. Cette diverſité a duré dans tous les temps & durera vraiſemblablement toujours. Jéſus-Chriſt qui pouvait réunir tous ſes fidèles dans le même ſentiment, ne l'a pas fait; il eſt donc à préſumer qu'il ne l'a pas voulu, & que ſon deſſein était d'exercer

ercer toutes ses Eglises à l'indulgence & à la charité, en leur permettant des sistêmes différents; qui tous se réunissaient à le reconnaître pour leur chef & leur maître. Toutes ces sectes longtemps tolérées par les Empereurs ou cachées à leurs yeux, ne pouvaient se persécuter & se proscrire les unes les autres, puisqu'elles étaient également soumises aux Magistrats Romains; elles ne pouvaient que disputer. Quand les Magistrats les poursuivirent, elles reclamèrent toutes également le droit de la nature; elles dirent, Laissez nous adorer Dieu en paix; ne nous ravissez pas la liberté que vous accordez aux Juifs. Toutes les sectes aujourd'hui peuvent tenir le même dis-

B   cours

cours à ceux qui les oppriment. Elles peuvent dire aux peuples qui ont donné des privilèges aux Juifs, Traitez nous comme vous traitez ces enfans de Jacob, laissez nous prier Dieu comme eux selon nôtre conscience. Nôtre opinion ne fait pas plus de tort à vôtre état que n'en fait le Judaïsme. Vous tolérez les ennemis de Jésus-Christ; tolérez nous donc nous qui adorons Jésus-Christ, & qui ne différons de vous que sur des subtilités de théologie; ne vous privez pas vous-mêmes de sujets utiles. Il vous importe qu'ils travaillent à vos manufactures, à vôtre marine, à la culture de vos terres; & il ne vous importe point qu'ils ayent quelques autres articles de foi que vous. C'est de leurs bras que vous avez besoin, & non de leur catéchisme.   La

La faction est une chose toute différente. Il arrive toujours, & nécessairement, qu'une secte persécutée dégénère en faction. Les opprimés se réunissent & s'encouragent. Ils ont plus d'industrie pour fortifier leur parti que la secte dominante n'en a pour l'exterminer. Il faut ou qu'ils soient écrafés ou qu'ils écrafent. C'est ce qui arriva après la persécution excitée en 303 par le César Galérius, les deux dernières années de l'empire de Dioclétien. Les Chrêtiens ayant été favorisés par Dioclétien pendant dix-huit années entières, étaient devenus trop nombreux & trop riches pour être exterminés : Ils se donnèrent à Constance Chlore, ils combattirent pour Constantin son fils, & il y eut une

B 2   ré-

révolution entière dans l'Empire.

On peut comparer les petites choses aux grandes, quand c'eſt le même
eſprit qui les dirige, Une pareille révolution eſt arrivée en Hollande, en
Ecoſſe, en Suiſſe. Quand Ferdinand
& Iſabelle chaſsèrent d'Eſpagne les
Juifs qui y étaient établis, non ſeulement avant la Maiſon régnante, mais
avant les Maures & les Goths, &
même avant les Carthaginois; les
Juifs auraient fait une révolution en
Eſpagne, s'ils avaient été auſſi guer-
riers que riches, & s'ils avaient pu
s'entendre avec les Arabes.

En un mot, jamais ſecte n'a chan-
gé le gouvernement que quand le deſ-
eſpoir lui a fourni des armes. Maho-
met lui-même n'a réuſſi que pour
avoir

avoir été chaſſé de Médine, & parce qu'on y avait mis ſa tête à prix.

Voulez-vous donc empêcher qu'une ſecte ne bouleverſe un Etat, uſez de tolérance; imitez la ſage conduite que tiennent aujourd'hui l'Allemagne, l'Angleterre, la Hollande. Il n'y a d'autre parti à prendre en politique avec une ſecte nouvelle, que de faire mourir ſans pitié les chefs & les adhérans, hommes, femmes, enfans ſans en excepter un ſeul, ou de les tolérer quand la ſecte eſt nombreuſe. Le premier parti eſt d'un monſtre, le ſecond eſt d'un ſage.

Enchainez à l'Etat tous les ſujets de l'Etat par leur intérêt; que le Quaker & le Turc trouvent leur avantage à vivre ſous vos loix. La

re-

religion eſt de Dieu à l'homme; la loi civile eſt de vous à vos peuples.

V.

Des Profanations.

Louis IX. Roi de France, placé par ſes vertus au rang des Saints, fit d'abord une loi contre les blaſphémateurs. Il les condamnait à un ſupplice nouveau; on leur perçait la langue avec un fer ardent. C'était une eſpèce de Talion; le membre qui avait péché en ſouffrait la peine. Mais il était fort difficile de décider ce qui eſt un blaſphême. Il échape dans la colère ou dans la joye, ou dans la ſimple converſation, des expreſſions qui ne ſont à proprement par-

parler que des explétives, comme
le *Sela* & le *Vah* des Hébreux, le
Pol & l'*Ædepol* des Latins, & comme le *per Deos immortales*, dont on
fe fervait à tout propos, fans faire
réellement un ferment par les Dieux
immortels.

Ces mots qu'on appelle jurements,
blafphêmes, font communément des
termes vagues qu'on interprète arbi-
trairement : la loi qui les punit femble prife de celle des Juifs qui dit,
*tu ne prendras point le nom de Dieu en
vain*. Les plus habiles interprètes
croyent que cette loi défend le parjure ; & ils ont d'autant plus raifon,
que le mot *Shavé*, qu'on a traduit
par *en vain*, fignifie proprement le
parjure. Or quel raport le parjure

peut-

peut-il avoir avec ces mots *Cabo de dios*, *Cadedis*, *Sangbleu*, *Ventrebleu*, *Corpo di Dio*.

Les Juifs juraient par la vie de Dieu, *vivit Dominus*. C'était une formule ordinaire. Il n'était donc défendu que de mentir au nom du Dieu qu'on atteſtait. Philippe Auguſte en 1181. avait condamné les nobles de ſon domaine qui prononceraient *Tête-bleu*, *ventre-bleu*, *corbleu*, *ſangbleu*, à payer une amende, & les roturiers à être noyés. La premiére partie de cette ordonnance parut puérile, la ſeconde était abominable. C'était outrager la nature que de noier des citoyens pour la même faute que les nobles expiaient pour deux ou trois ſous de ce temps-là. Auſſi cette étran-

ge

ge loi resta sans exécution comme
tant d'autres, surtout quand le Roi fut
excommunié & son Royaume mis en
interdit par le Pape Céleftin III.

St. Louïs transporté de zèle ordonna indifféremment qu'on perçat
la langue, ou qu'on coupât la lévre
supérieure à quiconque aurait prononcé ces termes indécents. Il en couta
la langue à un gros bourgeois de
Paris, qui s'en plaignit au Pape Innocent IV. Ce Pontife remontra fortement au Roi que la peine était trop
forte pour le délit. Le Roi s'abstint
déformais de cette sévérité. Il eût
été heureux pour la société humaine
que les Papes n'euffent jamais affec-
té d'autre supériorité sur les Rois.

L'ordonnance de Louïs XIV. de
l'année 1666. statue :   „ Que

„ Que ceux qui feront convain-
„ cus d'avoir juré & blafphémé le
„ faint nom de Dieu, de fa très
„ fainte Mère ou de fes Saints,
„ feront condamnés pour la premié-
„ re fois à une amende, pour la fe-
„ conde, tierce & quatriéme fois,
„ à une amende double, triple &
„ quadruple; pour la cinquiéme fois
„ au carcan, pour la fixiéme fois
„ au pilori & auront la lèvre fupé-
„ rieure coupée; & la feptiéme fois
„ auront la langue coupée tout jufte.“

Cette loi parait fage & humaine;
elle n'inflige une peine cruelle qu'a-
près fept rechutes qui ne font pas
préfumables.

Mais pour des profanations plus
grandes qu'on appelle facrilèges, l'or-
don-

donnance criminelle ne parle que du vol fait dans les églifes ; elle ne s'explique pas fur les impietés publiques, foit qu'elle n'ait pas prévu de telles démences, foit qu'il fût trop difficile de les fpécifier. Il eft donc réfervé à la prudence des juges de punir ce délit. Cependant la juftice ne doit rien avoir d'arbitraire.

Dans un cas auffi rare, que doivent faire les juges ? confulter l'âge des délinquants, la nature de leur faute, le degré de leur méchanceté, de leur fcandale, de leur obftination, le befoin que le public peut avoir ou n'avoir pas d'une punition terrible. *Pro qualitate perfonæ proque rei conditione & temporis & ætatis, & fexus, vel clementius ftatuendum.* * Si

* Titre 13 *Ad legem Iuliam.*

Si la loi n'ordonne point expreſſé-
ment la mort pour ce délit, quel
Juge ſe croira obligé de la prononcer ? S'il faut une peine, ſi
la loi ſe tait, le Juge doit ſans difficulté prononcer la peine la plus
douce, parce qu'il eſt homme.

Les profanations ſacrilèges ne
ſont jamais commiſes que par de
jeunes débauchés. Les punirez-vous
auſſi ſévérement que s'ils avaient tué
leurs frères? leur âge plaide en leur
faveur. Ils ne peuvent diſpoſer de
leurs biens, parce qu'ils ne ſont
point ſuppoſés avoir aſſez de matu-
rité dans l'eſprit pour voir les conſéquences d'un mauvais marché; ils
n'en ont donc pas eu aſſez pour
voir la conſéquence de leur empor-
tement impie.   Trai-

Traiterez-vous un jeune diſſolu qui dans ſon aveuglement aura profané une image ſacrée ſans la voler, comme vous avez traité la Brinvilliers qui avait empoiſonné ſon père, & ſa famille? il n'y a point de loi expreſſe contre ce malheureux, & vous en feriez une pour le livrer au plus grand ſupplice! il mérite un châtiment exemplaire, mais mérite-t-il des tourments qui effraient la nature, & une mort épouvantable?

Il a offenſé Dieu! oui, ſans doute, & très gravement. Uſez-en avec lui comme Dieu même. S'il fait pénitence, Dieu lui pardonne. Impoſez lui une pénitence forte, & pardonnez lui.

Vo=

Votre illuftre Montefquieu a dit ; *il faut honorer la Divinité & non la venger*; pefons ces paroles ; elles ne fignifient pas qu'on doive abandonner le maintien de l'ordre public ; elles fignifient, comme le dit le judicieux Auteur des Délits & des Peines, qu'il eft abfurde qu'un infecte croye venger l'Etre fuprême : ni un Juge de village, ni un Juge de ville ne font des Moïfe & des Jofué.

VI.

Indulgence des Romains fur ces objets.

D'un bout de l'Europe à l'autre, le fujet de la converfation des honnêtes gens inftruits, roule fouvent fur

cette

cette différence prodigieufe entre les loix Romaines, & tant d'ufages barbares qui leur ont fuccédé, comme les immondices d'une ville fuperbe qui couvrent fes ruines.

Certes le Sénat Romain avait un auffi profond refpect que nous pour le Dieu fuprême ; & autant pour les Dieux immortels & fécondaires, dépendants de leur maître éternel, que nous en montrons pour nos Saints. *Ab Jove principium*, était la formule ordinaire (*). Pline dans le Panégirique du bon Trajan commence par attefter que les Romains ne manquèrent jamais d'invoquer Dieu en com-

(*) *Bene ac fapienter patres confcripti majores inftituerunt ut rerum agendarum ita dicendi initium a precationibus cepere &c.*

commençant leurs affaires ou leurs
discours. Ciceron, Tite-Live l'at-
testent. Nul peuple ne fut plus religieux ; mais aussi il était trop sage
& trop grand pour descendre à punir
de vains discours, ou à des opinions
philosophiques. Il était incapable
d'infliger des supplices barbares à
ceux qui doutaient des augures, comme Ciceron, Augure lui-même, en
doutait, ni à ceux qui disaient en
plein Sénat comme César, que les
Dieux ne punissent point les hommes après la mort.

On a cent fois remarqué que le
Sénat permit que sur le théatre de
Rome, le chœur chantât dans la
Troade.

Il n'est rien après le trépas, & le tré-
pas

pas n'eſt rien. Tu demandes en quel lieu ſont les morts? au même lieu où ils étaient avant de naître.

S'il y eut jamais des profanations, en voilà ſans doute ; & depuis Ennius juſqu'à Auſone tout eſt profanation, malgré le reſpect pour le culte. Pourquoi donc le Sénat Romain ne les réprimait-il pas? c'eſt qu'elles n'influaient en rien ſur le gouvernement de l'Etat; c'eſt qu'elles ne troublèrent aucune inſtitution, aucune cérémonie religieuſe. Les Romains n'en eurent pas moins une excellente police, & ils n'en furent pas moins les maîtres abſolus de la plus belle partie du monde juſqu'à Théodoſe ſecond.

La maxime du Sénat, comme on

C   l'a

l'a dit ailleurs, était, *Deorum offensæ Diis curæ*: les offenses contre les Dieux ne regardent que les Dieux. Les Sénateurs étant à la tête de la religion, par l'institution la plus sage, n'avaient point à craindre qu'un collège de prêtres les forçât à servir sa vengeance sous prétexte de venger le ciel. Ils ne disaient point, déchirons les impies de peur de passer pour impies nous-mêmes. Prouvons aux prêtres que nous sommes aussi religieux qu'eux, en étant cruels.

Notre religion est plus sainte que celle des anciens Romains. L'impieté parmi nous est un plus grand crime que chez eux. Dieu la punira; c'est aux hommes à punir ce qu'il y a de criminel dans le désordre public

blic que cette impiété a causé. Or si
dans une impieté, il ne s'est pas volé
un mouchoir, si personne n'a reçu la
moindre injure, si les rits religieux
n'ont pas été troublés, punirons-nous
(il faut le dire encore) cette impiété comme un parricide? La Maréchale d'Ancre avait fait tuer un coq
blanc dans la pleine lune, fallait-il
pour cela bruler la Maréchale d'Ancre?

Est modus in rebus, sunt certi denique fines.
Nec scutica dignum horribili sectere flagello.

VII.

Du crime de la Prédication, & d'Antoine.

Un Prédicant Calviniste qui vient prêcher secrettement ses ouailles dans certaines provinces, est puni de mort, s'il est découvert; * & ceux qui lui ont donné à souper & à coucher sont envoyés aux galères perpétuelles.

Dans d'autres païs, un Jésuite qui vient prêcher est pendu. Est-ce Dieu qu'on a voulu venger en faisant pendre ce Prédicant & ce Jésuite? S'est-on des deux côtés appuyé
sur

* Edit de 1724. & antérieurs.

sur cette loi de l'Evangile: *quicon-*
que n'écoute point l'assemblée soit trai-
té comme un Payen & comme un re-
ceveur des deniers publics. Mais l'E-
vangile n'ordonna pas qu'on tuât ce
Payen & ce receveur.

S'est-on fondé sur ces paroles du
Deuteronome ? * *S'il s'éléve un pro-*
phète,.. & que ce qu'il a prédit arrive,..
& qu'il vous dise, suivons des Dieux
étrangers.... Et si votre frère ou votre
fils ou votre chère femme ou l'ami de
votre cœur vous dit, allons, servons
des Dieux étrangers,... tuez-le aussi-tôt,
frappez le premier, & tout le peuple
après vous. Mais ni ce Jésuite ni ce
Calviniste ne vous ont dit : allons,
suivons des Dieux étrangers.

C 3

Le

* Ch. 23.

Le Conseiller du Bourg, le chanoine Jehan Chauvin dit Calvin, le medecin Servet Espagnol, le Calabrois Gentilis, servaient le même Dieu. Cependant le président Minard fit bruler le conseiller Dubourg, & les amis de Dubourg firent assassiner Minard ; & Jehan Calvin fit bruler le medecin Servet à petit feu, & eut la consolation de contribuer beaucoup à faire trancher la tête au Calabrois Gentilis ; & les successeurs de Jehan Calvin firent bruler Antoine. Est-ce la raison, la piété, la justice qui ont commis tous ces meurtres ?

L'histoire d'Antoine est une des plus singulières dont le souvenir se soit conservé dans les annales de la dé-

démence. Voici ce que j'en ai lû dans un manuscrit très curieux, & qui est rapporté en partie par Jacob Spon. Antoine était né à Brieu en Lorraine, de père & de mère catholiques, & avait étudié à Pont-à-Mousson chez les Jésuites. Le prédicant *Féri* l'engagea dans la religion protestante à Metz. Etant retourné à Nancy, on lui fit son procès comme à un hérétique; & si un ami ne l'avait fait sauver, il allait périr par la corde. Réfugié à Sédan, on le soupçonna d'être papiste, & on voulut l'assassiner.

Voyant par quelle étrange fatalité sa vie n'était en sureté ni chez les Protestants ni chez les Catholiques, il alla se faire Juif à Venise. Il se

per-

persuada très sincérement, & il soutint jusqu'au dernier moment de sa vie, que la religion Juive était la seule véritable, & que puis qu'elle l'avait été autrefois, elle devait l'être toujours. Les Juifs ne le circoncirent point, de peur de se faire des affaires avec le Magistrat; mais il n'en fut pas moins Juif intérieurement. Il n'en fit nulle profession ouverte, & même étant allé à Genève, en qualité de prédicant, il y fut premier régent du collège, & enfin, il devint ce qu'on appelle Ministre.

Le combat perpétuel qui s'excitait dans son cœur entre la secte de Calvin qu'il était obligé de prêcher & la religion mosaïque à laquelle seule il croyait, le rendit longtems malade.

de. Il tomba dans une mélancolie &
dans une manie cruelle ; troublé par
ses douleurs, il s'écria qu'il était Juif.
Des Ministres vinrent le visiter & tâ-
chèrent de le faire rentrer en lui-même ; il leur répondit qu'il n'adorait
que le Dieu d'Israël ; qu'il était im-
possible que Dieu changeat ; que Dieu
ne pouvait avoir donné lui-même &
gravé de sa main une loi pour l'abo-
lir. Il parla contre le christianisme,
ensuite il se dédit : il écrivit une profession de foi pour échaper à la condamnation ; mais après l'avoir écrite, la malheureuse persuasion où il
était, ne lui permit pas de la signer. Le
Conseil de la ville assembla les prédi-
cants pour savoir ce qu'il devait faire de
cet infortuné. Le petit nombre de ces
prê-

prêtres opina qu'on devait avoir pitié de lui, qu'il fallait plutôt tâcher à guérir sa maladie du cerveau que la punir. Le plus grand nombre décida qu'il méritait d'être brulé, & il le fut. Cette avanture est de 1632. * Il faut cent ans de raison & de vertu pour expier un pareil jugement.

VIII.

Histoire de Simon Morin.

La fin tragique de Simon Morin n'effraie pas moins que celle d'Antoine. Ce fut au milieu des fêtes d'une Cour brillante parmi les amours & les plaisirs, ce fut même dans le tems de la plus grande licence, que ce

* *Jacob Spon*, page 500. & *Gui Vances.*

ce malheureux fut brulé à Paris en
1663. C'était un infenſé qui croyait
avoir eu des viſions, & qui pouſſa
la folie juſqu'à ſe croire envoyé de
Dieu, & à ſe dire incorporé à Jéſus-Chriſt.

Le Parlement le condamna très
ſagement à être enfermé aux petites
maiſons. Ce qui eſt extrêmement
ſingulier, c'eſt qu'il y avait alors
dans le même hopital, un autre fou
qui ſe diſait le Père éternel, de qui
même la démence a paſſé en proverbe. Simon Morin fut ſi frappé
de la folie de ſon compagnon, qu'il
reconnut la ſienne. Il parut rentrer
pour quelque temps dans ſon bon ſens;
il expoſa ſon repentir, & malheureu-
ſement pour lui il obtint ſon élar-
giſſement.   Quel-

Quelque temps après il retomba dans ses accès; il dogmatisa. Sa mauvaise destinée voulut qu'il fit connaissance avec St. Sorlin Desmarets, qui fut pendant plusieurs mois son ami, mais qui bientôt par jalousie de métier devint son plus cruel persécuteur.

Ce Desmarets n'était pas moins visionnaire que Morin: ses premières inepties furent à la vérité innocentes; c'étaient les Tragicomédies d'Erigone & de Mirame imprimées avec une traduction des Psaumes; c'étaient le roman d'Ariane & le poëme de Clovis à côté de l'office de la Vierge mis en vers; c'étaient des poësies Dirirambiques enrichies d'invectives contre Homère & Virgile.

gile. De cette espèce de folie il passa
à une autre plus sérieuse; on le vit
s'acharner contre Port-Royal; &
après avoir avoué qu'il avait engagé
des femmes dans l'athéisme, il s'éri-
gea en prophète. Il prétendit que
Dieu lui avait donné de sa main la
clef du trésor de l'Apocalipse, qu'avec
cette clef il ferait une réforme de tout
le genre humain, & qu'il allait commander une armée de cent quarante
mille hommes contre les Jansénistes.
Rien n'eût été plus raisonnable
& plus juste que de le mettre dans la
même loge que Simon Morin; mais
pourra-t-on s'imaginer qu'il trouva
beaucoup de crédit auprès du Jésuite Annat Confesseur du Roi? Il
persuada que ce pauvre Simon Morin

rin établissait une secte presque aussi
dangereuse que le Jansénisme même;
& enfin ayant porté l'infamie jusqu'à se rendre délateur, il obtint du
Lieutenant criminel un décret de
prise de corps contre son malheureux
rival. Osera-t-on le dire ? Simon Morin fut condamné à être brulé vif.

Lors qu'on allait le conduire au
supplice, on trouva dans un de ses
bas un papier dans lequel il deman-
dait pardon à Dieu de toutes ses erreurs; cela devait le sauver; mais
la sentence était confirmée, il fut
exécuté sans miséricorde.

De telles avantures font dresser les
cheveux. Et dans quel païs n'a-t-on
pas vu des événements aussi déplorables ? Les hommes oublient partout
qu'ils

qu'ils font frères, & ils fe perfécu-
tent jufqu'à la mort. Il faut fe flatter
pour la confolation du genre humain,
que ces temps horribles ne revien-
dront plus.

IX.

Des Sorciers.

En 1748. on brula une vieille femme dans l'Evêché de Vursbourg, con-
vaincue d'être forcière. C'est un grand
phénomène dans le fiècle où nous
fommes. Mais eft-il poffible que chez
des peuples qui fe vantaient d'être
réformés, & de fouler aux pieds les
fuperftitions, qui penfaient enfin avoir
perfectionné leur raifon, ayent pourtant

tant cru aux fortilèges, ayent fait bruler de pauvres femmes accufées d'être forcières, & cela plus de cent années après la prétendue reforme de leur raifon ?

Dans l'année 1652. une payfanne du petit territoire de Genève, nommée Michelle Chaudron, rencontra le Diable en fortant de la ville. Le Diable lui donna un baifer, reçut fon hommage, & imprima fur fa lèvre fupérieure & à fon teton droit la marque qu'il a coutume d'appliquer à toutes les perfonnes qu'il reconnait pour fes favorites. Ce fceau du Diable eft un petit feing qui rend la peau infenfible, comme l'affirment tous les Jurifconfultes Démonographes de ce temps là.

Le

Le Diable ordonna à Michelle
Chaudron d'ensorceler deux filles.
Elle obéit à son Seigneur ponctuel-
lement. Les parents des filles l'ac-
cusèrent juridiquement de Diablerie.
Les filles furent interrogées & con-
frontées avec la coupable. Elles at-
testèrent qu'elles sentaient continuellement une fourmillière dans des parties de leur corps, & qu'elles étaient
possédées. On appella les médecins, ou
du moins ceux qui passaient alors pour
médecins. Ils visitèrent les filles. Ils
cherchèrent sur le corps de Michelle
le sceau du Diable, que le procès verbal appelle les *marques sataniques*. Ils
y enfoncèrent une longue arguille,
ce qui était déja une torture douloureuse. Il en sortit du sang, & Michel-

D   le

le fit connaître par fes cris que les
marques fataniques ne rendent point
infenfible. Les juges ne voyant pas
de preuve complette que Michelle
Chaudron fût forcière, lui firent donner la queſtion, qui produit infailli-
blement ces preuves : cette malheureuſe cédant à la violence des tourments, confeſſa enfin tout ce qu'on
voulut.

Les médecins cherchèrent encore
la marque fatanique. Ils la trouvè-
rent à un petit feing noir fur une de
fes cuiſſes. Ils y enfoncèrent l'aiguille. Les tourments de la queſtion a-
vaient été fi horribles que cette pauvre créature expirante fentit à peine
l'aiguille ; elle ne cria point : ainſi le
crime fut avéré. Mais comme les

mœurs

mœurs commençaient à s'adoucir,
elle ne fut brulée qu'après avoir été
pendue & étranglée.

Tous les tribunaux de l'Europe
chrêtienne retentiſſaient alors de
pareils arrêts. Les buchers étaient
allumés partout pour les ſorciers comme pour les hérétiques. Ce qu'on re-
prochait le plus aux Turcs, c'était de
n'avoir ni ſorciers ni poſſédés parmi
eux. On regardait cette privation de
poſſédés comme une marque infailli-
ble de la fauſſeté d'une religion.

Un homme zélé pour le bien public, pour l'humanité, pour la vraye
religion, a publié dans un de ſes écrits
en faveur de l'innocence, que les tribunaux chrêtiens ont condamné à la
mort plus de cent mille prétendus

ſorforciers. Si on joint à ces maffacres juridiques, le nombre infiniment fupérieur d'hérétiques immolés, cette partie du monde ne paraitra qu'un vafte échaffaut couvert de bourreaux & de victimes, entouré de juges, de Sbires, & de fpectateurs.

X.

De la peine de mort.

On a dit il y a longtems qu'un homme pendu n'eft bon à rien, & que les fupplices inventés pour le bien de la fociété doivent être utiles à cette fociété. Il eft évident que vingt voleurs vigoureux condamnés à travailler aux ouvrages publics toute leur vie, fervent l'Etat par leur fupplice,

plice, & que leur mort ne fait de bien qu'au bourreau que l'on paye pour tuer les hommes en public. Rarement les voleurs font-ils punis de mort en Angleterre; on les tranfporte dans les colonies. Il en eft de même dans les vaftes Etats de la Ruffie ; on n'a exécuté aucun criminel fous l'Empire de l'Autocratrice Elifabeth. Catherine IIe. qui lui a fuccédé avec un génie très fupérieur, fuit la même maxime. Les crimes ne fe font point multipliés par cette humanité, & il arrive prefque toujours que les coupables relégués en Sibérie y deviennent gens de bien. On remarque la même chofe dans les Colonies Anglaifes. Ce changement heureux nous étonne, mais rien n'eft plus naturel. Ces con-

D 3   dam-

damnés font forcés à un travail continuel pour vivre. Les occafions du
vice leur manquent : ils fe marient,
ils peuplent. Forcez les hommes au
travail, vous les rendrez honnêtes
gens. On fait affez que ce n'eft pas
à la campagne que fe commettent
les grands crimes, excepté peut-être
quand il y a trop de fêtes, qui forcent
l'homme à l'oifiveté & le conduifent
à la débauche.

On ne condamnait un citoyen Romain à mourir que pour des crimes
qui intéreffaient le falut de l'Etat.
Nos maîtres, nos premiers législa-
teurs ont refpecté le fang de leurs
compatriotes ; nous prodiguons celui
des notres.

On a longtemps agité cette queftion

tion délicate & funefte, s'il eft permis aux Juges de punir de mort quand la loi ne prononce pas expreffément le dernier fupplice. Cette difficulté fut folemnellement débattue devant l'Empereur Henri VII. Il jugea (*) & décida qu'aucun juge ne peut avoir ce droit.

Il y a des affaires criminelles, ou fi imprévues, ou fi compliquées, ou accompagnées de circonftances fi bizares, que la loi elle-même a été forcée dans plus d'un pays d'abandonner ces cas finguliers à la prudence des Juges. Mais s'il fe trouve en effet une caufe dans laquelle la loi permette de faire mourir un ac-

D 4

cufé

_____

(*) Bodin *de Republica* liv. III. chap. 5.

cufé qu'elle n'a pas condamné, il fe
trouvera mille caufes dans lefquelles
l'humanité plus forte que la loi, doit
épargner la vie de ceux que la loi
elle - même a dévoués à la mort.

L'épée de la juftice eft entre nos
mains ; mais nous devons plus fouvent l'émouffer que la rendre plus
tranchante. On la porte dans fon
fourreau devant les Rois, c'eft pour
nous avertir de la tirer rarement.

On a vu des Juges qui aimaient à
faire couler le fang ; tel était Jeffrei
en Angleterre ; tel était en France
un homme à qui l'on donna le fur-
nom de *coupe-téte*. De tels hommes
n'étaient pas nés pour la magiftrature ; la nature les fit pour être bourreaux.

XI.

X I.

De l'exécution des Arrêts.

Faut-il aller au bout de la terre, faut-il recourir aux loix de la Chine, pour voir combien le fang des hommes doit être ménagé? Il y a plus de quatre mille ans que les tribunaux de cet Empire exiftent, & il y a auffi plus de quatre mille ans qu'on n'exécute pas un villageois à l'extrémité de l'Empire, fans envoyer fon procès à l'Empereur, qui le fait examiner trois fois par un de fes tribunaux ; après quoi il figne l'arrêt de mort , ou de changement de peine, ou de grace entiére (*).   Ne

(*) L'auteur de l'efprit des Loix , qui a femé tant de belles vérités dans fon ouvrage , paraît s'être cruellement trompé , quand pour étayer fon principe que le fentiment vague de l'honneur eft
le

Ne cherchons pas des exemples si loin, l'Europe en est pleine. Aucun criminel en Angleterre n'est mis à mort que le Roi n'ait signé la sentence: il en est ainsi en Allemagne & dans presque tout le Nord. Tel était autrefois l'usage de la France, tel il doit être chez toutes les nations policées. La cabale, le préjugé, l'ignorance peuvent dicter des sentences loin du trône. Ces petites intrigues ignorées à la cour ne peuvent faire impression sur

le fondement des Monarchies, & que la vertu est le fondement des Républiques, il dit des Chinois : » J'ignore ce que c'est que cet honneur chez des peu- » ples à qui on ne fait rien faire qu'à coups de bâ- » ton. « Certainement de ce qu'on écarte la populace avec le pantsé, & de ce qu'on donne des coups de pantsé aux gueux insolents & fripons, il ne s'ensuit pas que la Chine ne soit gouvernée par des tribunaux, qui veillent les uns sur les autres, & que ce ne soit une excellente forme de Gouvernement.

fur elle ; les grands objets l'environnent. Le Conseil suprême est plus
accoutumé aux affaires, & plus au
dessus du préjugé ; l'habitude de voir.
tout en grand, l'a rendu moins ignorant & plus sage ; il voit mieux
qu'une justice subalterne de province
si le corps de l'Etat a besoin, ou non
d'exemples sévères. Enfin quand la
justice inférieure a jugé sur la lettre
de la loi qui peut être rigoureuse, le
Conseil mitige l'arrêt, suivant l'esprit de toute loi, qui est de n'immoler les hommes que dans une nécessité évidente.

XII.

XII.

De la Question.

Tous les hommes étant exposés aux attentats de la violence ou de la perfidie, détestent les crimes dont ils peuvent être les victimes. Tous se réunissent à vouloir la punition des principaux coupables, & de leurs complices; & tous cependant, par une pitié que Dieu a mise dans nos cœurs, s'élèvent contre les tortures qu'on fait souffrir aux accusés dont on veut arracher l'aveu. La loi ne les a pas encor condamnés, & on leur inflige, dans l'incertitude où l'on est de leur crime, un supplice beaucoup plus affreux que la mort qu'on leur donne quand on est cer-

tain

tain qu'ils la méritent. Quoi! j'ignore
encor ſi tu es coupable, & il faudra
que je te tourmente pour m'éclairer?
& ſi tu es innocent, je n'expierai
point envers toi ces mille morts que
je t'ai ſait ſouffrir au lieu d'une ſeule
que je te préparais! Chacun friſſonne
à cette idée. Je ne dirai point ici
que St. Auguſtin s'élève contre la
queſtion dans ſa cité de Dieu. Je
ne dirai point qu'à Rome on ne la
faiſait ſubir qu'aux eſclaves, & que
cependant Quintilien ſe ſouvenant
que les eſclaves ſont hommes, réprou-
ve cette barbarie.

Quand il n'y aurait qu'une nation ſur
la terre qui eût aboli l'uſage de la torture, s'il n'y a pas plus de crimes chez
cette nation que chez une autre, ſi
d'ail-

d'ailleurs elle est plus éclairée, plus floriſſante depuis cette abolition, ſon exemple ſuffit au reſte du monde entier. Que l'Angleterre ſeule inſtruiſe les autres peuples; mais elle n'eſt pas la ſeule; la torture eſt proſcrite dans d'autres Royaumes & avec ſuccès. Tout eſt donc décidé. Des peuples qui ſe piquent d'être polis, ne ſe piqueront-ils pas d'être humains? s'obſtineront-ils dans une pratique inhumaine, ſur le ſeul prétexte qu'elle eſt d'uſage? Reſervez au moins cette cruauté pour des ſcélerats avérés qui auront aſſaſſiné un père de famille ou le père de la patrie; recherchez leurs complices: mais qu'une jeune perſonne qui aura commis quelques fautes qui ne laiſſent aucunes traces

après

après elles, fubiffe la même torture qu'un parricide, n'eft-ce pas une barbarie inutile? J'ai honte d'avoir parlé fur ce fujet, après ce qu'en a dit l'auteur des délits & des peines. Je dois me borner à fouhaiter qu'on relife fouvent l'ouvrage de cet amateur de l'humanité.

XIII.

De quelques Tribunaux de fang.

Croirait - on qu'il y ait eu autrefois un tribunal fuprême plus horrible que l'Inquifition, & que ce Tribunal ait été établi par Charlemagne? C'était le jugement de Weftphalie, autrement appellé la Cour Vhémique. La févérité ou plutôt la cruauté

auté de cette Cour allait jusqu'à punir de mort tout Saxon qui avait rompu le jeûne en Carême. La même
loi fut établie en Flandre & en Fran-
che-Comté au commencement du
17ᵉ siècle : mais la Cour Vestpha-
lienne devint bien plus terrible ; elle
déléguait secrettement des Commis-
saires, qui allaient sans être connus
dans toutes les villes d'Allemagne ,
prenaient des informations sans les
dénoncer aux accusés , les jugeaient
sans les entendre : & souvent quand
ils manquaient de bourreaux , le plus
jeune des Juges en faisait l'office , &
pendait lui même (*) le condamné.

II

(*) Voyez l'excellent abrégé de l'histoire
chronologique d'Allemagne & du droit public
sous l'année 803.

Il falut pour se souſtraire aux aſſaſ-
ſinats de cette chambre obtenir des
lettres d'exemption, des ſauve-gardes
des Empereurs, encor furent-elles
ſouvent inutiles. Cette cour de meurtriers ne fut pleinement diſſoute que
par Maximilien premier ; elle aurait
dû l'être dans le ſang des juges ; le
tribunal des dix à Veniſe était en
comparaiſon un inſtitut de miſéri-
corde.

Que penſer de ces horreurs & de
tant d'autres ? eſt-ce aſſez de gémir
ſur la nature humaine ? il y eut des
cas où il falut la venger.

E XIV.

XIV.

De la différence des Loix politi-
ques & des Loix naturelles.

J'appelle Loix naturelles, celles
que la nature indique dans tous les
temps, à tous les hommes, pour le
maintien de cette justice que la nature (quoi qu'on en dise) a gravée
dans nos cœurs. Par-tout le vol, la
violence, l'homicide, l'ingratitude envers les parents bienfaiteurs, le parjure commis pour nuire & non pour
secourir un innocent, la conspira-
tion contre sa patrie sont des délits
evidents plus ou moins sévérement
reprimés, mais toujours justement.

J'appelle Loix politiques, ces Loix
faites selon le besoin présent, soit

pour

pour affermir la puiffance, foit pour prévenir des malheurs. On craint que l'ennemi ne reçoive des nouvelles d'une ville, on ferme les portes, on défend de s'échaper par les remparts fous peine de mort.

On redoute une fecte nouvelle, qui fe parant en public de fon obeïffance aux Souverains, cabale en fecret pour fe fouftraire à cette obéïffance; qui prêche que tous les hommes font égaux pour les foumettre également à fes nouveaux rites; qui enfin fous pré- texte qu'il vaut mieux obéïr à Dieu qu'aux hommes, & que la fecte do- minante eft chargée de fuperftitions & de cérémonies ridicules, veut détrui- re ce qui eft confacré par l'état; on ftatuë la peine de mort contre ceux qui en dogmatifant publiquement en faveur de cette fecte peuvent porter le peuple à la révolte.

Deux ambitieux difputent un trône; le plus fort l'emporte, il décerne peine de mort contre les partifans du plus faible. Les juges deviennent les inftruments de la vengeance du nouveau Souverain, & les appuis de fon autorité. Quiconque était en rélation fous Hugue Capet avec Charles de Lorraine rifquait d'être condamné à la mort s'il n'était puiffant.

Lorfque Richard fecond meurtrier de fes deux neveux eut été reconnu Roi d'Angleterre, le grand Jury fit écarteler le chevalier Guillaume Collinburn coupable d'avoir écrit à un

ami

ami du Comte de Richemont qui levait alors des troupes & qui régna depuis fous le nom de Henri fept ; on trouva deux lignes de fa main qui étaient d'un ridicule groffier, elles fuffirent pour faire périr ce chevalier par un affreux fupplice. Les hiftoires font pleines de pareils exemples de juftice.

Le droit de repréfailles eft encor une de ces loix reçues des nations. Votre ennemi a fait pendre un de vos braves Capitaines qui a tenu quelque temps dans un petit château ruiné contre une armée entiére. Un de fes Capitaines tombe entre vos mains. C'eft un homme vertueux que vous eftimez & que vous aimez. Vous le pendez par repréfailles. C'eft la Loi,

di-

dites - vous. C'est-à-dire que si votre
ennemi s'est souillé d'un crime énor-
me, il faut que vous en commettiez
un autre.

Toutes ces Loix d'une politique
sanguinaire n'ont qu'un temps, & l'on
voit bien que ce ne sont pas de véritables Loix, puisqu'elles sont pas-
sagères. Elles ressemblent à la nécessité où l'on s'est trouvé quelquefois
dans une extrême famine de manger
des hommes. On ne les mange plus
dès qu'on a du pain.

X V.

XV.

Du crime de haute trahison. De Titus Oates, & de la mort d'Augustin de Thou.

On appelle haute trahison un attentat contre la patrie ou contre le Souverain qui la représente. Il est regardé comme un parricide ; donc on ne doit pas l'étendre jusqu'aux délits qui n'approchent pas du parricide. Car si vous traitez de haute trahison un vol dans une maison de l'état, une concussion, ou même des paroles séditieuses, vous diminuez l'horreur que le crime de haute trahison ou de lèze majesté doit inspirer.

Il ne faut pas qu'il y ait rien d'ar-

E 4

bi-

bitraire dans l'idée qu'on se forme des grands crimes. Si vous mettez un vol fait à un père par son fils, une imprécation d'un fils contre son père dans le rang des parricides, vous brisez les liens de l'amour filial. Le fils ne regardera plus son père que comme un maître terrible. Tout ce qui est outré dans les Loix tend à la destruction des Loix.

Dans les crimes ordinaires la Loi d'Angleterre est favorable à l'accusé; mais dans ceux de haute trahison, elle lui est contraire. Le Jésuite Titus Oates ayant été juridiquement interrogé dans la chambre des Communes, & ayant assuré par serment qu'il n'avait plus rien à dire, accusa cependant ensuite le secrétaire du Duc d'York

d'York depuis Jaques second, & plusieurs autres personnes, de haute trahison, & sa délation fût reçue : il jura d'abord devant le Conseil du Roi
qu'il n'avait point vu ce secrétaire,
& ensuite il jura qu'il l'avait vu. Malgré ces illégalités, & ces contradictions, le secrétaire fut exécuté.

Ce même Oates & un autre témoin déposèrent que cinquante Jésuites avaient comploté d'assassiner
le Roi Charles second, & qu'ils avaient
vu des commissions du Père Oliva
général des Jésuites pour les offi-
ciers qui devaient commander une
armée de rebelles. Ces deux témoins
suffirent pour faire arracher le cœur
a plusieurs accusés & leur en battre
les joues. Mais en bonne foi est-ce

assez

affez de deux témoins pour faire péri ceux qu'ils veulent perdre ? Il faut au moins que ces deux délateurs ne foient pas des fripons avérés. Il faut encor qu'ils ne dépofent pas des chofes improbables.

Il eft bien évident que fi les deux plus intègres Magiftrats du Royaume accufaient un homme d'avoir confpiré avec le Muphti pour circoncire tout le Confeil d'Etat, le Parlement, la Chambre des comptes, l'Archévêque & la Sorbonne ; en vain ces deux Magiftrats jureraient qu'ils ont vu les lettres du Muphti ; on croirait plutôt qu'ils font devenus fous, qu'on n'aurait de foi à leur dépofition. Il était tout auffi extravagant de fuppofer que le général des Jéfuites

ces levait une armée en Angleterre,
qu'il le ferait de croire que le Muphti envoye circoncire la cour de
France. Cependant on eut le malheur
de croire Titus Oates, afin qu'il n'y
eût aucune forte de folie atroce qui
ne fût entrée dans la tête des hommes.

Les Loix d'Angleterre ne regardent pas comme coupables d'une confpiration, ceux qui en font inftruits &
qui ne la revèlent pas. Ils ont fuppo-
fé que le délateur eft auffi infame que
le confpirateur eft coupable. En France ceux qui favent une confpiration
& ne la dénoncent pas , font punis
de mort. Louis XI. contre lequel
on confpirait fouvent , porta cette
loi terrible. Un Louis XII., un Hen-

ri

xi IV. ne l'eût jamais imaginée.

Cette loi non feulement force un homme de bien à être délateur d'un crime qu'il pourrait prévenir par de fages confeils & par fa fermeté ; mais elle l'expofe encor à être puni comme calomniateur, parce qu'il eſt très aifé que les conjurés prennent tellement leurs mefures qu'il ne puiffe les convaincre.

Ce fut précifément le cas du refpectable Auguftin de Thou Confeiller d'Etat, fils du feul bon Hiftorien dont la France pouvait fe vanter, égal à Guichardin par fes lumières, & fupérieur peut-être par fon impartialité.

La confpiration était tramée beaucoup plus contre le Cardinal de Riche-

chelieu que contre Louis XIII. Il ne
s'agiſſait point de livrer la France à
des ennemis; car le frère du Roi,
principal auteur de ce complot, ne
pouvait avoir pour but de livrer un
Royaume dont il ſe regardait encor
comme l'héritier préſomptif, ne voyant entre le trône & lui qu'un frère
ainé mourant & deux enfans au berceau.

De Thou n'était coupable ni devant Dieu, ni devant les hommes.
Un des agens de Monſieur frère unique du Roi, du Duc de Bouillon
Prince ſouverain de Sédan & du
grand écuyer d'Effiat St. Mars, avait
communiqué de bouche le plan du
complot au Conſeiller d'état. Celui-
ci alla trouver le grand écuyer St.

Mars,

Mars, & fit ce qu'il put pour le détourner de cette entreprise; il lui en remontra les difficultés. S'il eût alors dénoncé les conspirateurs, il n'avait aucune preuve contre eux; il eût été accablé par la dénégation de l'héritier présomptif de la Couronne, par celle d'un Prince souverain, par celle du favori du Roi, enfin par l'exécration publique. Il s'exposait à être puni comme un lâche calomniateur.

Le Chancelier Séguier même en convint, en confrontant de Thou avec le grand Ecuier. Ce fut dans cette confrontation que De Thou dit à St. Mars ces propres paroles mentionnées au procès verbal : *Souvenez vous, Monsieur, qu'il ne s'est point passé de journée*

née que je ne vous aye parlé de ce trai-
té pour vous en diffuader. St. Mars
reconnut cette vérité. De Thou méritait donc une récompenfe plutôt
que la mort au tribunal de l'équité
humaine. Il méritait au moins que le
Cardinal de Richelieu l'épargnât ;
mais l'humanité n'était pas fa vertu.
C'eft bien ici le cas de quelque chofe de plus que *fummum jus fumma*
injuria. L'arrêt de mort de cet homme de bien porte, *pour avoir eu con-*
naiffance & participation des dites con-
fpirations. Il ne dit point, pour ne
les avoir pas révélées. Il femble que
le crime foit d'être inftruit d'un crime, & qu'on foit digne de mort
pour avoir des yeux & des oreilles.

Tout ce qu'on peut dire peut-être
d'un

d'un tel arrêt, c'eſt qu'il ne fut pas rendu par juſtice, mais par des commiſſaires. La lettre de la loi meurtrière était préciſe. C'eſt non ſeulement aux juriſconſultes, mais à tous les hommes, de prononcer ſi l'eſprit de la loi ne fut pas perverti. C'eſt une triſte contradiction qu'un petit nombre d'hommes faſſe périr comme criminel celui que toute une nation juge innocent, & digne d'eſtime.

XVI.

De la révélation par la confeſſion.

Jaurigny & Baltazar Gerard, aſſaſſins du Prince d'Orange Guillaume Ier., le Dominicain Jaques Clément, Chatel, Ravaillac & tous les autres

par=

parricides de ce temps-là se confessè-
rent avant de commettre leurs crimes. Le fanatisme dans ces siecles
déplorables était parvenu à un tel excès, que la confession n'était qu'un
engagement de plus à consommer leur
scéleratesse : elle devenait sacrée , par
cette raison que la confession est un
sacrement.

Strada dit lui-même que Jaurigni
*non ante facinus aggredi suftinuit quam
expiatam nexis animam apud Domini-
canum sacerdotem cælesti pane firmave-
rit.* Jaurigni n'ofa entreprendre cette action sans avoir fortifié par le pain
célefte son ame purgée par la confession
aux pieds d'un Dominicain.

On voit dans l'interrogatoire de
F . Ra-

Ravaillac que ce malheureux sortant des Feuillants & voulant entrer chez les Jésuites, s'était addreffé au Jésuite d'Aubigni; qu'après lui avoir parlé de plusieurs apparitions qu'il avait eues, il montra à ce Jésuite un couteau sur la lame duquel un cœur & une croix étaient gravés, & qu'il dit ces propres mots au Jésuite; *Ce cœur indique que le cœur du Roi doit être porté à faire la guerre aux huguenots.*

Peut-être si ce d'Aubigni avait eu affez de zèle & de prudence pour faire instruire le Roi de ces paroles, peut-être s'il avait dépeint l'homme qui les avait prononcées, le meilleur des Rois n'aurait pas été affaffiné.

Le

Le vingtiéme Augufte, ou, Aouft, l'année 1610, trois mois après la mort de Henri IV. dont les bleffures faignaient dans le cœur de tous les Français, l'Avocat Général Servin, dont la mémoire eft encor illuftre, requit qu'on fit figner aux Jéfuites les quatre articles fuivants.

1°. Que le Concile eft au deffus du Pape.

2°. Que le Pape ne peut priver le Roi d'aucun de fes droits par l'excommunication.

3°. Que les Eccléfiaftiques font entiérement foumis au Roi comme les autres.

4°. Qu'un prêtre qui fait par la confeffion une confpiration contre le Roi & l'Etat doit la révéler aux Magiftrats.   F 2   Le

Le 22e. le Parlement rendit un arrêt par lequel il défendait aux Jésuites d'enseigner la jeuneſſe avant d'avoir ſigné ces quatre articles. Mais la Cour de Rome était alors ſi puiſſante, & celle de France ſi faible, que cet arrêt fut inutile.

Un fait qui mérite d'être obſervé, c'eſt que cette même Cour de Rome, qui ne voulait pas qu'on révélât la confeſſion, quand il s'agirait de la vie des Souverains, obligeait les Confeſſeurs à dénoncer aux Inquiſiteurs ceux que leurs pénitentes accuſaient en confeſſion de les avoir féduites & d'avoir abuſé d'elles. Paul IV., Pie IV., Clément VIII., Grégoire XV. ordonnèrent ces révélations. C'était un piége bien embarraſſant pour

les

les confesseurs & pour les pénitentes. C'était faire d'un sacrement un
greffe de délations & même de sa-
crilèges. Car par les anciens ca-
nons, & surtout par le Concile de
Latran tenu sous Innocent III., tout
prêtre qui révèle une confession de
quelque nature que ce puisse être,
doit être interdit & condamné à une
prison perpétuelle.

Mais il y a bien pis ; voilà quatre
Papes aux 16e. & 17e. siècles qui ordonnent la révélation d'un péché
d'impureté, & qui ne permettent pas
celle d'un parricide. Une femme
avoue ou suppose dans le sacrement
devant un Carme qu'un Cordelier l'a
séduite ; le Carme doit dénoncer le
Cordelier. Un assassin fanatique cro-

yant

yant servir Dieu en tuant son Prince,
vient consulter un confesseur sur ce
cas de conscience ; le confesseur devient sacrilège s'il sauve la vie à son
Souverain.

Cette contradiction absurde & horrible est une suite malheureuse de l'opposition continuelle qui règne depuis
tant de siècles entre les loix Ecclé-
siastiques & les loix Civiles. Le Citoyen se trouve pressé dans cent oc-
casions entre le sacrilège & le crime
de haute trahison ; & les règles du
bien & du mal sont ensevelies dans
un cahos dont on ne les a pas encor
tirées.

La confession de ses fautes a été
autorisée de tout tems chez presque
toutes les nations. On s'accusait dans
les

les mystères d'Orphée, d'Isis, de Cé-
rès, de Samothrace. Les Juifs faisaient l'aveu de leurs péchés le jour
de l'expiation solemnelle, & ils font
encor dans cet usage. Un pénitent
choisit son confesseur qui devient son
pénitent à son tour, & chacun l'un
après l'autre reçoit de son compagnon trente-neuf coups de fouet pendant qu'il récite trois fois la formule
de confession qui ne consiste qu'en
treize mots, & qui par conséquent
n'articule rien de particulier.

Aucune de ces confessions n'entra
jamais dans les détails, aucune ne
servit de prétexte à ces consultations
secretes que des pénitents fanatiques
ont faites quelquefois pour avoir
droit de pécher impunément, métho-

de

de pernicieuſe qui corrompt une inſtitution ſalutaire. La confeſſion qui
était le plus grand frein des crimes
eſt ſouvent devenue , dans des temps
de ſéduction & de trouble, un encou-
ragement au crime même ; & c'eſt
probablement pour toutes ces raiſons
que tant de ſocietés Chrêtiennes ont
aboli une pratique ſainte qui leur a
paru auſſi dangereuſe qu'utile.

XVII.

De la fauſſe Monnoye.

Le crime de faire de la fauſſe monnoye eſt regardé comme haute trahiſon au ſecond chef, & avec juſtice:
c'eſt trahir l'Etat que voler tous les
particuliers de l'Etat. On demande

fi

fi un négociant qui fait venir des lingots d'Amérique & qui les conver- tit chez lui en bonne monnoye, eft coupable de haute trahifon, & s'il mérite la mort. Dans prefque tous les Royaumes on le condamne au dernier fuplice; il n'a pourtant volé perfonne, au contraire, il a fait le bien de l'Etat en lui procurant une plus grande circulation d'efpèces: mais il s'eft arrogé le droit du Sou- verain, il le vole en s'attribuant le petit bénéfice que le Roi fait fur les monnoyes. Il a fabriqué de bonnes efpèces, mais il expofe fes imita- teurs à la tentation d'en faire de mau- vaifes. C'eft beaucoup que la mort. J'ai connu un Jurifconfulte qui vou- lait qu'on condamnat ce coupable

com-

comme un homme habile & utile, à travailler à la monnoye du Roi les fers aux pieds.

XVIII.

Du vol domestique.

Dans les pays où un petit vol domestique est puni par la mort, ce châtiment disproportionné n'est-il pas très dangereux à la société ? n'est-il pas une invitation même au larcin ? car s'il arrive qu'un maître livre son serviteur à la justice pour un vol léger, & qu'on ôte la vie à ce malheureux, tout le voisinage a ce maître en horreur; on sent alors que la nature est en contradiction avec la loi, & que par conséquent la loi ne vaut rien.

Qu'ar=

Qu'arrive-t-il donc ? les maîtres volés ne voulant pas se couvrir d'opprobre, se contentent de chasser leurs domestiques, qui vont voler ailleurs, & qui s'accoutument au brigandage. La peine de mort étant la même pour un petit larcin que pour un vol considérable, il est évident qu'ils chercheront à voler beaucoup. Ils pourront même devenir assassins quand ils croiront que c'est un moyen de n'être pas découverts.

Mais si la peine est proportionnée au délit, si le voleur domestique est condamné à travailler aux ouvrages publics, alors le maître le dénoncera sans scrupule ; il n'y aura plus de honte attachée à la dénonciation, le vol sera moins fréquent. Tout prou-

ve

ve cette grande vérité, qu'une loi rigoureuse produit quelquefois les crimes.

XIX.

Du Suicide.

Le fameux Du Verger de Hauranne Abbé de St. Cyran, regardé comme le fondateur du Port-Royal, écrivit vers l'an 1608. un traité sur le Suicide (*), qui est devenu un des livres les plus rares de l'Europe.

„ Le Décalogue, dit-il, ordonne
„ de ne point tuer. L'homicide de
„ foi-même ne semble pas moins
„ com-

(*) Il fut imprimé in-12. à Paris chez Touffaints du Brai en 1609. avec privilège du Roi: il doit être dans la Bibliotheque de S. M.

„ compris dans ce précepte que le
„ meurtre du prochain. Or s'il est des
„ cas où il est permis de tuer son pro-
„ chain, il est aussi des cas où il est
„ permis de se tuer soi-même.

„ On ne doit attenter sur sa vie
„ qu'après avoir consulté la raison.
„ L'autorité publique qui tient la pla-
„ ce de Dieu peut disposer de notre
„ vie. La raison de l'homme peut
„ aussi tenir lieu de la raison de Dieu,
„ c'est un rayon de la lumiére éter-
„ nelle. "

St. Cyran étend beaucoup cet ar-
gument, qu'on peut prendre pour un
pur sophisme. Mais quand il vient
à l'explication & aux détails, il est
plus difficile de lui répondre. „ On
„ peut, dit-il, se tuer pour le bien de
„ son

„ fon Prince, pour celui de fa patrie,
„ pour celui de fes parents. "

On ne voit pas en effet qu'on puiffe condamner les Codrus & les Curtius. Il n'y a point de Souverain qui ofat punir la famille d'un homme qui fe ferait dévoüé pour lui; que dis-je? il n'en eft point qui ofat ne la pas récompenfer. St. Thomas avant St. Cyran avait dit la même chofe. Mais on n'a befoin ni de Thomas, ni de Bonaventure, ni de Hauranne, pour favoir qu'un homme qui meurt pour fa patrie eft digne de nos éloges.

L'Abbé de St. Cyran conclut qu'il eft permis de faire pour foi-même ce qu'il eft beau de faire pour un autre. On fçait affez tout ce qui eft al-
le-

légué dans Plutarque , dans Sénèque,
dans Montagne & dans cent autres
philosophes en faveur du Suicide.
C'est un lieu commun épuisé. Je ne
prétends point ici faire l'apologie d'u-
ne action que les Loix condamnent ;
mais ni l'ancien testament ni le nouveau n'ont jamais défendu à l'homme de sortir de la vie quand il ne
peut plus la supporter. Aucune loi
Romaine n'a condamné le meurtre
de soi-même. Au contraire, voici la
loi de l'Empereur Marc Antonin qui
ne fut jamais révoquée.

„ (*) Si votre père ou votre frère
„ n'étant prévenu d'aucun crime se tue
„ ou pour se soustraire aux douleurs o
       „ pa

(*) 1er. Cod. de bonis eorum qui sibi mortem
leg. 3. ff. eod.

,, par ennui de la vie ou par défef-
,, poir ou par démence, que fon tefta-
,, ment foit valable ou que fes héri-
,, tiers fuccèdent par inteftat. "

Malgré cette loi humaine de nos
maîtres, nous trainons encor fur la
claye, nous traverfons d'un pieu le
cadavre d'un homme qui eft mort
volontairement, nous rendons fa mémoire infâme. Nous deshonorons fa
famille autant qu'il eft en nous. Nous
puniffons le fils d'avoir perdu fon père, & la veuve d'être privée de fon
mari. On confifque même le bien du
mort ; ce qui eft en effet ravir le
patrimoine des vivants auxquels il appartient. Cette coutume comme plufieurs autres eft dérivée de notre droit
canon, qui prive de la fépulture ceux
qui

qui meurent d'une mort volontaire.
On conclut de là qu'on ne peut hé-
riter d'un homme qui est censé n'a-
voir point d'héritage au Ciel. Le droit
canon au titre *de pœnitentiâ* assure
que Judas commit un plus grand
péché en s'étranglant qu'en vendant
notre Seigneur Jésus-Christ.

X X.

D'une espèce de mutilation.

On trouve dans le digeste une loi
d'Adrian (*) qui dénonce peine de
mort contre les médecins qui font
des eunuques, soit en leur arrachant
les testicules, soit en les froissant.
On confisquait aussi par cette loi les
biens de ceux qui se faisaient ainsi

G   mu-

(*) *Ad legem Corneliam de sicariis.*

mutiler. On aurait pu punir Origè-
ne qui se soumit à cette opération,
ayant interprété rigoureusement ce
passage de St. Matthieu ; *Il en est qui
se sont châtrés eux-mêmes pour le Royaume des cieux.*

Les choses changèrent sous les Empereurs suivants , qui adoptèrent le
luxe Asiatique, & surtout dans le bas
Empire de Constantinople, où l'on
vit des eunuques devenir patriarches
& commander des armées.

Aujourd'hui à Rome l'usage est
qu'on châtre les enfans pour les rendre dignes d'être musiciens du Pape,
de sorte que *Castrato*, & *musico del
Papa*, sont devenus sinonimes. Il n'y
a pas longtemps qu'on voyait à Na-
ples en gros caractèr es au dessus de
la

la porte de certains barbiers, *qui si castrano maravigliosamente i puti.*

XXI.

De la Confiscation attachée à tous les délits dont on a parlé.

C'est une maxime reçue au barreau, *qui confisque le corps confisque les biens,* maxime en vigueur dans les païs où la coutume tient lieu de loi. Ainsi, comme nous venons de le dire, on y fait mourir de faim les enfans de ceux qui ont terminé volontairement leurs tristes jours, comme les enfans des meurtriers. Ainsi une famille entière est punie dans tous les cas pour la faute d'un seul homme.

Ainsi,

Ainſi, lorſqu'un père de famille aura été condamné aux galères perpétuelles par une ſentence arbitraite (*), ſoit pour avoir donné retraite chez ſoi à un prédicant, ſoit pour avoir écouté ſon ſermon dans quelques cavernes, ou dans quelque déſert, la femme & les enfans ſont réduits à mendier leur pain.

Cette juriſprudence qui conſiſte à ravir la nourriture aux orphelins, & à donner à un homme le bien d'autrui, fut inconnue dans tout le temps de la République Romaine. Sylla l'introduiſit dans ſes proſcriptions. Il faut avouer qu'une rapine inventée

par

(*) Voyez l'Edit de 1724. 14 May, publié à la ſollicitation du Cardinal de Fleury & revu par lui.

par Sylla n'était pas un exemple à fuivre. Auffi cette loi qui femblait n'être dictée que par l'inhumanité & l'avarice, ne fut fuivie ni par Céfar, ni par le bon Empereur Trajan, ni par les Antonins, dont toutes les nations prononcent encore le nom avec refpect & avec amour. Enfin, fous Juftinien la confifcation n'eut lieu que pour le crime de Lèze Majefté.

Il femble que dans les temps de l'anarchie féodale les Princes & les Seigneurs des terres étant très peu riches cherchaffent à augmenter leur tréfor par les condamnations de leurs fujets, & qu'on voulut leur faire un revenu du crime. Les Loix chez eux étant arbitraires, & la jurifpru-

den-

dence Romaine ignorée, les coutumes ou bizares ou cruelles prévalurent. Mais aujourd'hui que la puiſſance des Souverains eſt fondée ſur des richeſſes immenſes & aſſurées, leur tréſor n'a pas beſoin de s'enfler des faibles débris d'une famille malheureuſe. Ils ſont abandonnés pour l'ordinaire au premier qui les demande. Mais eſt-ce à un citoyen à s'engraiſſer des reſtes du ſang d'un autre citoyen ?

La confiſcation n'eſt point admiſe dans les païs où le droit Romain eſt établi, excepté le reſſort du Parlement de Touloufe. Elle ne l'eſt point dans quelques païs coutumiers, comme le Bourbonnais, le Berri, le Maine, le Poitou, la Bretagne, où au moins elle reſpecte les immeubles. Elle

Elle était établie autrefois à Calais,
& les Anglais l'abolirent lorfqu'ils en
furent les maîtres. Il eft affez étrange
que les habitans de la capitale vivent
fous une loi plus rigoureufe que ceux
des petites villes : tant il eft vrai que
la jurifprudence a été fouvent établie au hazard, fans régularité, fans
uniformité, comme on bâtit des chau-
miéres dans un village.

Qui croirait que l'an 1673, dans
le plus beau fiècle de la France, l'A-
vocat Genéral Omer Talon ait parlé
ainfi en plein Parlement au fujet d'u-
ne Demoifelle de Canillac? (*).

„ Au chap. 13. du Deuteronome,
„ Dieu dit, Si tu te rencontres dans une
„ ville, & dans un lieu où règne l'i-

G 4   „ do-

(*) Journal du Palais Tom. Ir. p. 444.

„ dolatrie, mets tout au fil de l'épée,
„ fans exception d'âge, de fexe ni
„ de condition. Raffemble dans les
„ places publiques toutes les dépouil-
„ les de la ville, brule la toute en-
„ tière avec fes dépouilles, & qu'il
„ ne refte qu'un monceau de cendres
„ de ce lieu d'abomination. En un
„ mot, fais en un facrifice au Sei-
„ gneur, & qu'il ne demeure rien en
„ tes mains des biens de cet ana-
„ thême.

„ Ainfi, dans le crime de Lèze
„ Majefté le Roi était maître des
„ biens, & les enfans en étaient pri-
„ vés. Le procès ayant été fait à Na-
„ both *quia maledixerat Regi*, le Roi
„ Achab fe mit en poffeffion de fon
„ héritage. David étant averti que
„ Mi-

„ Miphibozeth s'était engagé dans
„ la rébellion, donna tous fes biens
„ à Siba qui lui en apporta la nou-
„ velle: *tua fint omnia quæ fuerunt*
„ *Miphibozeth.*

Il s'agit de favoir qui héritera des
biens de Mlle. de Canillac, biens autrefois confifqués fur fon père, abandonnés par le Roi à un garde du tréfor royal, & donnés enfuite par le
garde du tréfor royal à la teftatrice.
Et c'eft fur ce procès d'une fille d'Au-
vergne qu'un Avocat général s'en rap-
porte à Achab Roi d'une partie de
la Paleftine, qui confifqua la vigne de
Naboth après avoir affaffiné le pro-
prietaire par le poignard de la juftice;
action abominable qui eft paffée en
proverbe, pour infpirer aux hommes
l'hor-

l'horreur de l'usurpation. Assurément la vigne de Naboth n'avait aucun raport avec l'héritage de Madlle. de Canillac. Le meurtre & la confiscation des biens de Miphibozeth, petit-fils du Roi Saül, & fils de Jonathas ami & protecteur de David, n'ont pas une plus grande affinité avec le testament de cette demoiselle.

C'est avec cette pédanterie, avec cette démence de citations étrangères au sujet, avec cette ignorance des premiers principes de la nature humaine, avec ces préjugés mal conçus & mal appliqués, que la jurisprudence a été traitée par des hommes qui ont eu de la réputation dans leur sphère. On laisse aux lecteurs à se dire ce qu'il est superflu qu'on leur dise. XXII.

XXII.

De la procédure criminelle, & de quelques autres formes.

Si un jour des loix humaines adouciffent en France quelques ufages trop rigoureux, fans pourtant donner des facilités au crime ; il eft à croire qu'on réformera auffi la procédure dans les articles où les redacteurs ont paru fe livrer à un zèle trop févère. L'ordonnance criminelle en plufieurs points fenible n'avoir été dirigée qu'à la perte des accufés. C'eft la feule loi qui foit uniforme dans tout le Royaume ; ne devrait-elle pas être auffi favorable à l'innocent que terrible au coupable ? En Angleterte un fimple em-

emprifonnement fait mal à propos est réparé par le Miniftre qui l'a ordonné. Mais en France l'innocent qui a été plongé dans les cachots, qui a été appliqué à la torture, n'a nulle confolation à efpérer, nul dommage à répéter contre perfonne. Il refte flétri pour jamais dans la focieté. L'innocent flétri! & pourquoi, parce qu'il a été difloqué! il ne devrait exciter que la pitié & le refpect. La recherche des crimes exige des rigueurs: c'eft une guerre que la juftice humaine fait à la méchanceté: mais il y a de la générofité & de la compaffion jufques dans la guerre. Le brave eft compatiffant; faudrait-il que l'homme de loi fût barbare?

Com-

Comparons feulement ici en quelques points, la procédure criminelle des Romains avec la notre.

Chez les Romains les témoins étaient entendus publiquement en préfence de l'accufé, qui pouvait leur répondre, les interroger lui-même, ou leur mettre en tête un avocat. Cette procédure était noble & franche, elle refpirait la magnanimité Romaine.

Chez nous tout fe fait fecrettement. Un feul Juge avec fon greffier entend chaque témoin l'un après l'autre. Cette pratique établie par François Ier. fut autorifée par les commiffaires qui rédigèrent l'ordonnance de Louis XIV. en 1670. Une méprife feule en fut la caufe.

On

On s'etait imaginé en lifant le Code *de Teftibus*, que ces mots (*), *teftes intrare judicii fecretum*, fignifiaient que les témoins étaient interrogés en fecret. Mais *fecretum* fignifie ici le cabinet du Juge. *Intrare fecretum*, pour dire, parler fecrettement, ne ferait pas latin. Ce fut un folecifme qui fit cette partie de nôtre jurifprudence.

Les dépofants font pour l'ordinaire des gens de la lie du peuple, & à qui le Juge enfermé avec eux peut faire dire tout ce qu'il voudra. Ces témoins font entendus une feconde fois toûjours en fecret, ce qui s'appelle ré-

co-

(*) Voyez Bornier titre **6** art. **11** des informations.

colement. Et fi après ce récolement ils fe retractent dans leurs dépofitions, ou s'ils les changent dans des circon-ftances effentielles, ils font punis comme faux témoins. De forte que lors qu'un homme d'un efprit fimple, & ne fachant pas s'exprimer, mais ayant le cœur droit, & fe fouvenant qu'il en a dit trop ou trop peu, qu'il a mal entendu le Juge, ou que le Juge l'a mal entendu, révoque ce qu'il a dit, par un principe de juftice; il eft puni comme un fcélerat, & il eft forcé fouvent de foutenir un faux té-moignage par la feule crainte d'être traité en faux témoin.

La loi femble obliger le Magif-trat à fe conduire envers l'accufé plutôt en ennemi qu'en Juge. Ce Ju-ge ge eſt le maître d'ordonner (*) la confrontation du prévenu avec le témoin, ou de l'omettre. Comment une choſe auſſi néceſſaire que la confrontation peut-elle être arbitraire?

S'il s'agit d'un crime, le prévenu ne peut avoir d'avocat, alors il prend le parti de la fuite : c'eſt ce que toutes les maximes du barreau lui conſeillent : mais en fuiant il peut être condamné, ſoit que le crime ait été prouvé, ſoit qu'il ne l'ait pas été. Choſe étrange! un homme à qui on demande quelque argent n'eſt condamné par défaut qu'au cas que la dette ſoit avérée; mais s'il eſt queſtion

(*) Et ſi beſoin eſt confrontez, dit l'ordonnance de 1670 art. Ier. titre 15.

tion de fa vie, on peut le condamner par défaut quand le crime n'eſt pas conſtaté. Quoi donc! la Loi aurait fait plus de cas de l'argent que de la vie! O Juges! conſultez le pieux Antonin & le bon Trajan, ils défendent que les abſens ſoient (*) condamnés.

Quoi! votre Loi permet qu'un concuſſionnaire, un banqueroutier frauduleux, ait recours au miniſtère d'un Avocat, & très ſouvent un homme d'honneur eſt privé de ce ſecours! S'il peut ſe trouver une ſeule occaſion où un innocent ſerait juſtifié par le miniſtère d'un avocat, n'eſt-il pas

H　　　clair

_____

(*) Digeſte loi 1ere titre *de abſentibus* & l. 5. tit. *de pœnis.*

clair que la loi qui l'en prive eſt injuſte?

Le Parlement de Toulouſe a un uſage bien ſingulier dans les preuves par témoins. On admet ailleurs des demi-preuves qui au fond ne ſont que des doutes; car on ſait qu'il n'y a point de demi-vérités. Mais à Toulouſe on admet des quarts & des huitiémes de preuves. On y peut regarder, par exemple, un ouï dire comme un quart, un autre ouï dire plus vague comme un huitiéme; de ſorte que huit rumeurs qui ne ſont qu'un écho d'un bruit mal fondé, peuvent devenir une preuve complette; & c'eſt à peu près ſur ce principe que Jean Calas fut condamné à la roue.

XXIII.

XXIII.

Idée de quelque reforme.

La magistrature est si respectable, que le seul pays de la terre où elle est vénale, fait des vœux pour être délivré de cet usage. On souhaite que le jurisconsulte puisse parvenir par son mérite à rendre la justice qu'il a défendue par ses veilles, par sa voix & par ses écrits. Peut-être alors on verrait naître par d'heureux travaux une jurisprudence régulière & uniforme.

Jugera-t-on toujours différemment la même cause en province & dans la capitale? Faut-il que le même homme ait raison en Breta-

H 2   gne

gne & tort en Languedoc? Que
dis-je? il y a autant de jurifpru-
dences que de villes. Et dans le
même Parlement la maxime d'une
chambre n'eft pas celle de la chambre voifine. (*)

Quelle prodigieufe contrarieté entre les loix du même Royaume! A
Paris un homme qui a été domi-
cilié dans la ville un an & un jour,
eft réputé Bourgeois. En Franche-
Comté un homme libre qui a de-
meuré un an & un jour dans une
maifon main-mortable devient efclave; fes collatéraux n'hériteraient
pas de ce qu'il aurait acquis ailleurs; & fes propres enfans font

ré-

____

(*) Voyez fur cela le Préfident Bouhier.

réduits à la mendicité, s'ils ont paf-
fé un an loin de la maifon où le
père eft mort. La province eft
nommée franche, mais quelle fran-
chife !

Quand on veut pofer les limites
entre l'autorité civile & les ufages eccléfiaftiques, quelles difputes intermi-
nables ! où font ces limites ? qui con-
ciliera les éternelles contradictions
du fifc & de la jurifprudence ? Enfin
pourquoi dans certains pays les arrêts
ne font-ils jamais motivés ? Y-a-
t-il quelque honte à rendre raifon
de fon jugement ? Pourquoi ceux
qui jugent au nom du Souverain ne
préfentent-ils pas au Souverain leurs
arrêts de mort avant qu'on les exécute ?

H 3   De

De quelque côté qu'on jette les yeux, on trouve la contrarieté, la dureté, l'incertitude, l'arbitraire. Nous cherchons dans ce siècle à tout perfectionner; cherchons donc à perfectionner les loix dont nos vies & nos fortunes dépendent.

E R-

ERRATA.

Page 21. *ligne* 1ere. Médine, *corrigez*, la Méque.

Page 24. *ligne* 10. qui prononceraient tête-bleu, *corrigez*, qui prononce-raient les mots qu'on adoucit par *tête-bleu*, *ventre bleu*, &c.

Page 64. *ligne* 6. *après ces mots*, du dix-septième siècle, *ajoutez* :

Les archives d'un petit coin de pays ap-pellé St. Claude, dans les plus affreux ro-chers de la Comté de Bourgogne, conser-vent la fentence & le procès verbal d'é-xécution d'un pauvre gentilhomme nom-mé Claude Guillon, auquel on trancha la tête le 28 Juillet 1629. Il était réduit à la misère & preffé d'une faim dévorante. Il mangea un jour maigre un morceau d'un cheval qu'on avait tué dans un pré voifin. Voilà fon crime. Il fut condamné comme un facrilège. S'il eût été riche & qu'il fe fût fait fervir à fouper pour deux cent écus de marée, en laiffant mourir de faim les pauvres, il aurait été regardé comme un

hom-

homme qui remplissait tous ses devoirs.
Voici le prononcé de la sentence du Juge.

„ Nous après avoir vu toutes les piéces
„ du procès & ouï l'avis des Docteurs en
„ droit, déclarons ledit Claude Guillon due-
„ ment atteint & convaincu d'avoir emporté
„ de la viande d'un cheval tué dans le pré
„ de cette ville, d'avoir fait cuire la dite
„ viande le 3ᵉ Mars jour de Samedi, &
„ d'en avoir mangé &c. "

Quels Docteurs que ces Docteurs en
droit qui donnèrent leur avis ! est-ce chez
les Topinamboux & chez les Hottentots
que ces avantures sont arrivées ? La cour
Vhémique était bien plus horrible &c.

www.ingramcontent.com/pod-product-compliance
Lightning Source LLC
Chambersburg PA
CBHW070738270326
41927CB00010B/2031